# Transformación logística en un entorno de Industria 4.0. COML02

**Mª del Mar Fernández Pérez**

**Roberto Pérez Huguet**

**ic** editorial

**Transformación logística en un entorno de Industria 4.0. COML02**
© Mª del Mar Fernández Pérez
© Roberto Pérez Huguet


1ª Edición

© IC Editorial, 2024

Editado por: IC Editorial
c/ Cueva de Viera, 2, Local 3
Centro Negocios CADI
29200 Antequera (Málaga)
Teléfono: 952 70 60 04
Fax: 952 84 55 03
Correo electrónico: iceditorial@iceditorial.com
Internet: www.iceditorial.com

ISBN: 978-84-1184-525-0
Depósito Legal: MA 3042-2024

Impresión: PODiPrint
Impreso en Andalucía – España

Nota de la editorial: IC Editorial pertenece a Innovación y Cualificación S. L.

# Especialidad formativa

Se entiende por especialidad formativa la agrupación de contenidos, competencias profesionales y especificaciones técnicas que responde a un conjunto de actividades de trabajo enmarcadas en una fase del proceso de producción y con funciones afines.

Las especialidades formativas de Uso General, Formación Complementaria, Formación Modular y las especialidades formativas dirigidas a la obtención de certificados de profesionalidad se incluyen en el Fichero de Especialidades del Servicio Público de Empleo Estatal para su gestión en todo el territorio nacional por cualquier Administración competente.

Las especialidades complementarias, pertenecen todas a la Familia profesional de Formación Complementaria (FCO) y tienen la consideración de formación transversal en áreas que se consideran prioritarias tanto en el marco de la Estrategia Europea para el Empleo y del Sistema Nacional de Empleo como en las directrices establecidas por la Unión Europea. Se consideran áreas prioritarias las relativas a tecnologías de la información y la comunicación, la prevención de riesgos laborales, la sensibilización en medio ambiente, la promoción de la igualdad, la orientación profesional y aquellas otras que se establezcan por la Administración competente.

Las especialidades de Certificado de profesionalidad tienen una duración especificada en su normativa reguladora.

En el resultado de la búsqueda, se muestran las unidades de competencia, todos los módulos formativos con su duración y las unidades formativas del certificado correspondiente, con su duración. Las horas del certificado, exclusivo de las especialidades de certificado de profesionalidad, con alta igual o superior a 2008, son las horas totales más las horas del módulo de Prácticas Profesionales no Laborales.

➲ **Si la especialidad tiene unidades formativas,** las horas totales, presencial, distancia, teleformación serán igual a la suma de esas horas de las unidades formativas de los distintos módulos, sin que se repita ninguna Unidad formativa.

● **Si la especialidad no tiene unidades formativas,** las horas totales, presencial, distancia, teleformación serán igual a las sumas de esas horas de los módulos formativos, eliminando las horas de los módulos repetidos.

https://sede.sepe.gob.es/especialidadesformativas/RXBuscadorEFRED/BusquedaEspecialidades.do

(Fuente: Servicio Público de Empleo Estatal)

# Índice

Unidad de Aprendizaje 4
**Big data en Logística 4.0**

Unidad de Aprendizaje 5
**Innovación tecnológica aplicada a la Logística 4.0**

# OBJETIVOS GENERALES

Los objetivos generales del **COML02. Transformación logística en un entorno de industria 4.0,** son los siguientes:

- ⮕ Manejar y comprender las tecnologías 4.0 aplicadas al área logística de la automoción.
- ⮕ Desarrollar competencias que permitan el análisis de la cadena de suministro 4.0 y la optimización de modelos de logística.
- ⮕ Utilizar la analítica de datos para optimizar la cadena de suministros.
- ⮕ Aplicar la técnica de gestión integrada de materiales para mejorar flujos y almacenamiento.
- ⮕ Utilizar técnicas de *big data,* analítica predictiva y *data science* aplicados a la logística.
- ⮕ Utilizar tecnologías 4.0 relacionadas con la logística, así como sistemas de gestión, los modelos de referencia para la planificación de procesos integrada, *Sales & Operation Planning (S&OP)* y las tecnologías de planificación integrada.

# Introducción a la Logística 4.0

# Contenido

# Objetivos

El objetivo general de esta Unidad de Aprendizaje es:

→ Desarrollar competencias que permitan el análisis de la cadena de suministro 4.0. y la optimización de modelos de logística.

Los objetivos específicos de esta

Unidad de Aprendizaje son:

→ Conocer la cuarta Revolución Industrial y sus elementos centrales.

→ Comprender la importancia de estos cambios y su potencial para las empresas del sector.

→ Familiarizarse con la idea de planificación estratégica y su importancia.

→ Calcular *lead time* y holguras, así como su relación con el tiempo de entrega a los clientes.

# 1. Introducción

En las últimas décadas, nuestra manera de consumir y trabajar ha cambiado sustancialmente. A diferencia de otros cambios históricos, no se ha tratado tanto de una revolución debida a inventos o nuevas tecnologías, sino que ha venido derivada de la combinación y extensión de tecnologías ya existentes. También ha sido esencial el aumento de la potencia de cálculo de los equipos informáticos y su espectacular bajada de precio, que los ha puesto al alcance de muchas empresas, primero, y de casi todos los consumidores, posteriormente.

Estos cambios, representados, entre otros, por la llamada industria 4.0, abren nuevas oportunidades y retos para las empresas de todos los sectores. En concreto en logística, muchas organizaciones tienen aún la ocasión de aprovechar estas nuevas dinámicas para convertirlas en ventajas competitivas antes de que se transformen en requisitos mínimos del mercado.

Manuel Fernández fundó Vulcanizados M. M. F. en 1950 como taller de recauchutado de neumáticos. En primer lugar, solo trabajaba él, más adelante, empezó a contratar personal especializado. El señor Manuel dirigió la empresa y trabajó en ella entre 1950 y 1985. En este año, su hijo, Manolo Fernández, asumió el control de la empresa. Añadió fabricación de piezas como amortiguadores o *silent blocks* e instaló los pagos por transferencia, lo que permitió reducir el riesgo de robos y atracos. Compró ordenadores y contrató a un contable, adquirió un almacén y maquinaria para aumentar su catálogo, centrándose cada vez más en la producción de otros artículos hasta abandonar el recauchutado a principios de los 90. El señor Manolo Fernández gestiona la empresa desde 1985 y está preparando su jubilación. Habla con su hija, María Fernández, que trabaja en la empresa y le transmite que pretende cederle el control de la misma. María se enfrenta a una economía incierta y, al mismo tiempo, a un nuevo mundo de oportunidades.

# 2. Introducción a la Industria y Logística 4.0

 **HILO CONDUCTOR**

María Fernández está preparándose para empezar a dirigir la empresa familiar después de los cambios que han acontecido a lo largo de los años. Pasando por

*Continúa en página siguiente >>*

*<< Viene de página anterior*

la segunda y la tercera revolución, ahora María se enfrentará a una economía incierta y a cambios drásticos, como los que se verán en la Industria 4.0.

Con la expresión Industria 4.0 nos referimos a la cuarta etapa del desarrollo industrial, el cual empezó con la Primera Revolución Industrial, en el s. XVIII, protagonizada por la máquina de vapor. La Segunda Revolución Industrial sería la que ocurrió antes de la Primera Guerra Mundial, con la extensión de la electricidad. La Tercera, ocurrida entre los años 50 y 70, sería la Revolución Digital, protagonizada por el uso industrial de ordenadores.

El creador de este concepto fue el economista Klaus Schwab, quien, en el año 2016, declaró que la Tercera Revolución Industrial estaba dando paso a la cuarta. Lo característico ahora sería la desaparición de los límites entre lo físico, lo biológico y la información, la robótica, la inteligencia artificial, las biotecnologías, el internet de las cosas o los vehículos autónomos. Incluye intercambio de grandes volúmenes de datos y la automatización de su tratamiento, el internet de las cosas, uso de sistemas que toman decisiones, comunicación en tiempo real, etc.

Según los autores Hermann, Pentek y Otto, las industrias deben cumplir cuatro **criterios** para considerarse parte de esta **cuarta revolución:**

**Interoperabilidad**
Máquinas y personas deben poder comunicarse entre sí, gracias a las tecnologías del internet de las cosas o de las personas, independientemente del *software* que usen.

**Transparencia**
La información debe ser directamente tomada de la realidad y estar disponible para todos los participantes en cualquier momento y en tiempo real.

**Asistencia técnica**
Los sistemas de información deben ayudar a las personas, reduciendo tareas aburridas o peligrosas y permitiendo que se centren en la toma de decisiones y resolución de problemas.

**Toma descentralizada de las decisiones**
Los propios sistemas de información deben tomar sus decisiones de manera autónoma y la intervención humana se debe reducir a las incidencias, fijación de objetivos, etc.

La Industria 4.0 parte de la digitalización, que ya se llevó a cabo en los últimos decenios dentro de las empresas. Trata de crear valor sobre los datos obtenidos y de compartir los datos entre diferentes empresas, a lo largo de toda la cadena, desde los proveedores hacia los clientes. Esto permite mejorar las predicciones, el control, planificar mejor y, en resumen, generar más valor a lo largo de todos los eslabones de la cadena.

Dentro de los entornos industriales se usan almacenes que controlan las existencias de materias primas y semielaborados, de manera que los proveedores sepan en tiempo real el consumo y las necesidades de su cliente, mientras estos tienen acceso al *stock* de productos terminados, de manera que saben lo que pueden vender o solicitar. Por último, todos los miembros de la cadena saben en tiempo real cómo es la demanda del consumidor, evitando el efecto látigo y otras distorsiones en la demanda.

## NOTA

El efecto látigo es uno de los mayores problemas de las cadenas logísticas. Genera sobreproducción, despilfarro, residuos y muchos problemas financieros. Está causado por la falta de información sobre la demanda y ocurre cuando una empresa aumenta su demanda un poco respecto a la empresa del paso anterior, porque no conocen realmente la composición de esta demanda.

## 2.1. Efectos de la logística 4.0

Permite gestionar mejor los *stocks,* distribución, compras y el servicio al cliente. En un entorno de restricción de energía y materias primas, asegurar el aprovechamiento al máximo de todos los recursos se está convirtiendo en una ventaja competitiva muy importante.

La cantidad de información que produce la Industria 4.0 es muy superior a la que se produce por los métodos más tradicionales y es accesible por muchas vías a tiempo real, sea por redes internas, a través de internet, mediante la comunicación entre máquinas o personas o directamente entre máquinas. Para aprovechar estas ventajas, las empresas del sector logístico tienen que usar sistemas de procesamiento de datos.

Sin embargo, y como siempre que aparece un cambio significativo en cualquier organización, no todos los aspectos de la Industria 4.0 son positivos. Algunos de los **problemas** que produce la adopción de este modelo son:

- **Rechazo al cambio por parte de muchas personas.** La mentalidad de "esto se ha hecho siempre así". Esta resistencia al cambio es innata en las personas y siempre se produce en mayor o menor medida. Convencer a los trabajadores de que se adapten a los cambios puede ser relativamente sencillo, más complicado es convencer a directivos y accionistas.
- **Inseguridad.** Cuanto más dependiente es una empresa de la informática, más importante es la seguridad en este aspecto.
- **Fiabilidad y estabilidad en IT.** El departamento de IT se convierte en un elemento esencial de la empresa, los proveedores de servicios informáticos deben ser fiables porque sin ellos no se puede trabajar, el flujo de datos y su acceso deben ser muy estables. Los problemas eléctricos o de acceso a los datos se convierten en críticos incluso en aquellos sectores como la agricultura que, aparentemente, son menos dependientes de las nuevas tecnologías.
- **Necesidad de protección de la autoría intelectual y la propiedad de los datos.** Sobre los archivos, al aumentar el uso de *software* y datos, esta protección es mucho más importante.
- **Nuevas habilidades y conocimientos por parte de los trabajadores.** En muchos casos, por parte de perfiles que tradicionalmente no tenían ninguna relación con las nuevas tecnologías y que pueden, o no, haber desarrollado algunas de estas habilidades en su vida personal. Por ejemplo, cuando se incorporan al puesto de operador de carretilla elementos sensores, sistemas automáticos de guiado o sistemas de asistencia al *picking*.
- **Desaparición de puestos de trabajo y aparición de nuevas necesidades de personal para las que no hay candidatos en el mercado.** Muchas empresas están teniendo serios problemas para encontrar nuevos perfiles, mientras que otros dejan de ser demandados porque sus tareas se han automatizado. Además, es difícil detectar con antelación suficiente estas necesidades y dar la formación necesaria a los futuros trabajadores, porque son tecnologías que están surgiendo y desarrollándose ahora mismo.

## 2.2. EDI. Intercambio electrónico de datos

**EDI** son las siglas de **intercambio electrónico de datos** en inglés, es un formato electrónico que permite la comunicación entre empresas a través de documentos estándar comerciales. Son documentos electrónicos que sustituyen a los documentos en papel, con un gran ahorro de tiempo y, sobre todo, reduciendo enormemente los errores.

Usando EDI la información pasa directamente de una aplicación informática a otra. Los datos en los documentos EDI siempre están en el mismo orden y ubicación y por eso son muy fáciles de leer por parte de los sistemas electrónicos.

 **NOTA**

EDI se usa mucho actualmente entre grandes empresas para realizar pedidos, facturar, emitir presupuestos, etc., normalmente, entre socios que acuerdan usar este estándar para todas o algunas de sus comunicaciones. Pero está disponible en muchos sistemas de gestión empresarial para pequeñas empresas y se está extendiendo rápidamente.

## 3. Planificación estratégica de los negocios y la fabricación

👉 **HILO CONDUCTOR**

María Fernández tiene la sensación de que lo que ha aprendido en sus estudios de empresariales tiene poco que ver con la realidad de la pequeña empresa de su familia. En cualquier caso, está reflexionando sobre el futuro de Vulcanizados M. M. F. y quiere planificarlo de manera coherente, seria y beneficiosa para la empresa. Para ello aborda la necesidad de una planificación estratégica para saber a qué clientes, sector, negocios, etc. Debe dirigirse en los próximos años.

La planificación estratégica es parte esencial de la planificación de la dirección empresarial, es decir, en las decisiones que dirigen el funcionamiento de una empresa.

Existen diferentes **objetivos** que se deben cumplir:

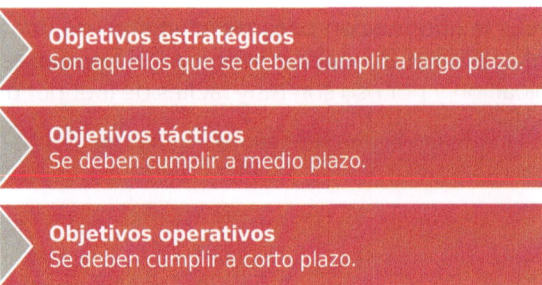

**Objetivos estratégicos**
Son aquellos que se deben cumplir a largo plazo.

**Objetivos tácticos**
Se deben cumplir a medio plazo.

**Objetivos operativos**
Se deben cumplir a corto plazo.

 **NOTA**

Normalmente, se habla de más de tres años (estratégicos), entre uno y tres (tácticos) y menos de un año (operativos), pero esto dependerá de cada empresa.

## 3.1. Los planes estratégicos

Los planes estratégicos son aquellos a largo plazo. La planificación estratégica es el proceso mediante el cual una organización define su estrategia o dirección y toma decisiones sobre la asignación de sus recursos para lograr objetivos estratégicos. Un plan estratégico reúne metas y estrategias (medios para alcanzarlas). La planificación estratégica permite a una organización definir sus objetivos estratégicos y diseñar la mejor estrategia para alcanzarlos.

La segunda fase de la planificación se plasma en un **plan operativo,** que representa la continuación y el complemento de la planificación estratégica. Estos objetivos sirven de guía para el desarrollo y definición de los diferentes programas y proyectos priorizados por la organización. Una vez identificadas las metas, es necesario reducirlas a las operaciones específicas de la institución, presentadas contra el presupuesto de la empresa, es decir, traducidas en planes y proyectos.

Con respecto a la logística a la hora de realizar planes, debemos tener en cuenta los **cambios** que se han producido a nivel general en las últimas décadas, y por ello los ciclos de vida de los productos son cada vez más cortos:

- ⮞ **Productos personalizados.** Tanto el consumidor final como el cliente industrial reclaman cada vez más productos personalizados y son cada vez más exigentes.
- ⮞ **Rápido desarrollo de los mercados.** Relacionado con los ciclos de vida cortos, los mercados crecen muy rápido y, en muchos casos, el primer vendedor o proveedor de un servicio o producto consigue el 100 % de cuota de mercado en muy poco tiempo, después empieza la competencia.
- ⮞ **Globalización.** La globalización tiene ventajas e inconvenientes. Podemos acceder a un mercado inmenso y a proveedores de todo el mundo, pero, al mismo tiempo, tenemos que competir con empresas de cualquier país.
- ⮞ **Externalización/Integración.** La externalización y la integración son tendencias simultáneas contradictorias. Las empresas eliminan departamentos enteros para contratar a otras que realicen esa labor (transporte, limpieza, cobros, contabilidad, almacenes, etc.).

# 4. Optimización de la cadena de suministro

☞ **HILO CONDUCTOR**

María Fernández asume la dirección de la empresa y una de las decisiones centrales de su nueva planificación estratégica es mejorar sus relaciones con clientes y proveedores.

Quiere desarrollar un plan para reducir el *stock* tanto de materias primas como de productos terminados, aumentar la rentabilidad de sus pedidos y suministrar las piezas que le piden sus clientes en un plazo menor. Quiere mejorar todos los procesos logísticos de su empresa.

Optimizar significa llevar cualquier proceso al máximo de su eficiencia posible. Optimizar la cadena de suministro es ajustar las operaciones que distintas empresas realizan relacionadas entre sí para acercar el proceso total a su máxima eficiencia.

El objetivo del proceso debe ser conseguir que los clientes tengan el producto con el menor coste posible, cumpliendo sus requisitos y consiguiendo, al mismo tiempo, los márgenes de beneficio más altos para todas las empresas que participen en el proceso.

Esto solo se puede conseguir si todos los participantes tienen visión a largo plazo. Optimizar, en muchos casos, requiere inversiones actuales para beneficios futuros o reducciones de márgenes concretas para conseguir mejoras globales. Y requiere una visión global porque para optimizar realmente hay que considerar resultados de beneficios, financiera, de costes, etc.

## 4.1. La cadena de suministro

Para las empresas que fabrican y venden productos, la cadena de suministro es un proceso comercial fundamental que garantiza que los clientes obtengan lo que desean, cuándo y dónde lo desean. La cadena de suministro es la suma de todos los pasos que son necesarios para que se desarrolle una industria o comercio, desde el origen de la materia prima hasta el consumidor.

La cadena de suministro o cadena logística incluye los siguientes **procesos:**

Y participan en ella los siguientes **actores:**

- **Proveedores.** Desde el punto de vista de una empresa, son quienes les suministran bienes y servicios que la propia empresa no puede generar.
- **Clientes.** Desde el punto de vista de una empresa, son quienes le compran bienes y servicios.
- **Empresas de transporte.** Actualmente, muy pocas empresas tienen camiones propios, sino que subcontratan todas o parte de sus necesidades en este ámbito a empresas especializadas, que ofrecen un servicio más barato y flexible.
- **Empresas de almacenamiento.** Aunque no está tan extendido como en el caso del transporte, existen muchísimos almacenes que ofrecen guardar las mercancías de otras empresas que, o no tienen almacén propio, o tienen necesidades puntuales de espacio en un lugar determinado.
- **Centrales de compras.** Son agrupaciones de empresas que se coordinan para realizar grandes compras y así conseguir mejores precios.

## Logística inversa

La logística incluye transporte y almacén desde que se produce, extrae o fabrica el producto hasta el consumidor final. También de productos desde el consumidor "hacia atrás", productos que se devuelven por distintos motivos, para reparaciones, devoluciones y también de residuos como los envases. Esta es la llamada **logística inversa.** Debe analizarse conjuntamente con la logística normal o directa, porque eso permite aprovechar portes, recuperar productos o materiales y, en general, optimizar la actividad logística.

 **ACTIVIDAD COMPLEMENTARIA**

1. Piensa en un producto de consumo habitual y busca información sobre su cadena de suministro, desde el origen de su materia prima hasta la llegada al domicilio del consumidor. ¿En qué países o regiones se produce o extrae la materia prima? ¿Dónde se transforma? ¿Dónde lo compramos? ¿Qué pasos intermedios hay?

## 4.2. Partes de las cadenas de suministro

En general, la mayor parte de las cadenas de suministro tienen tres fases o partes formadas por empresas interactuando entre sí. Estas **fases** son:

➲ **Abastecimiento de materias primas:**

　◡ **Primera fase:** obtención de las materias primas necesarias para la obtención del producto. Por ejemplo, la adquisición de materias primas para la fabricación de componentes.

➲ **Manufactura o transformación:**

　◡ **Segunda fase:** las materias primas obtenidas en la etapa anterior se transforman en productos finales o intermedios (por ejemplo, la transformación de metales en piezas para ensamblar productos técnicos).

⊃ **Distribución:**

> ⏻ **Tercera fase:** transporte de productos desde el punto de fabricación hasta el cliente final, incluidas las tareas relacionadas con el almacenamiento, el inventario y el transporte. Por ejemplo, actividades intermedias desde la fabricación de computadoras hasta el consumidor final.

Si bien una cadena de suministro de alto rendimiento es fundamental para crear una experiencia positiva para el cliente, también garantiza la rentabilidad de la organización y la sostenibilidad de los procesos de la cadena de suministro.

Para optimizar el funcionamiento de la cadena logística es necesario definir las etapas necesarias de acuerdo al nivel de servicio establecido. Implica colaboración, perspectiva global, análisis y previsión de los eventos más habituales y uso de los sistemas de gestión de la información. Es importante diferenciar los **procesos clave** de los **procesos de apoyo.** Los primeros son los que el cliente percibe: entrega, fabricación, etc. y los segundos son aquellos que son necesarios, pero no se perciben como embalaje, gestión de *stocks,* etc.

Optimizar en este campo básicamente consiste en ponerse de acuerdo con otras empresas, de manera que todas trabajen en la misma dirección y compartan información. Algunas **técnicas** concretas para optimizar las cadenas de las que forman parte son las siguientes:

⊃ **Automatización:** es un término muy importante en empresas industriales. La automatización transforma los sistemas lentos y rígidos en rápidos y eficientes al sistematizar en parte o todo el proceso de fabricación, reduciendo así las posibilidades de error.
⊃ **Estandarización:** con ella se eliminan tareas innecesarias y obstáculos a lo largo de la cadena de suministro, haciendo que el proceso de producción sea más eficiente.
⊃ **Flexibilización:** la flexibilidad de las redes de producción es clave para un ecosistema de cadena de suministro receptivo y resistente. Una buena colaboración con otras empresas del sector nos puede permitir cumplir un servicio esencial con un cliente crítico o también ofrecer otros servicios a nuestros clientes.
⊃ **Toma de decisiones basadas en datos:** la toma de decisiones basada en datos respalda respuestas más precisas y efectivas, pero requiere una comprensión profunda de los fundamentos, como la visibilidad de la demanda, el inventario, la capacidad, el suministro y las finanzas en todo el ecosistema.

## 4.3. Industria 4.0 y *lead time*

Para anticiparse a la demanda y reaccionar rápidamente es necesaria la información diaria del mercado fuera de la planta de producción. Internamente, se deben crear estudios, mapas de suministro de *stock* disponible, opciones de suministro o disponibilidad de capacidad en toda la red. El concepto de Industria 4.0 es básico, porque permite tener, compartir y analizar enormes cantidades de datos para tomar mejores decisiones.

La finalidad, no lo olvidemos, es mejorar los siguientes factores sin aumentar el precio:

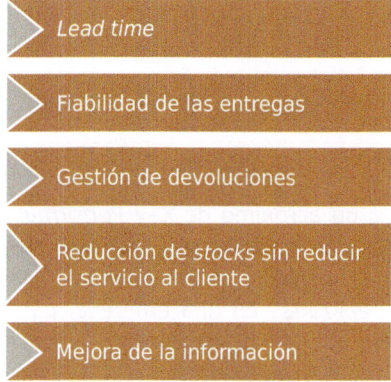

- Lead time
- Fiabilidad de las entregas
- Gestión de devoluciones
- Reducción de *stocks* sin reducir el servicio al cliente
- Mejora de la información

**NOTA**

Se usa el término inglés *lead time* para referirse al plazo que transcurre entre que el cliente hace un pedido y que lo recibe. La globalización hace que vendedores y compradores estén muy alejados. La optimización de las cadenas de suministro permite reducirlos.

A la hora de comprobar si las nuevas herramientas aplicadas optimizan la cadena logística debemos tomar medidas antes y después para comprobar cómo evolucionan esos factores.

Algunas de las medidas habituales son los siguientes **KPI,** entre los que se encuentran:

- Pedidos perfectos (sin errores) sobre el total de pedidos que ha recibido la empresa de sus clientes.
- Pedidos a tiempo (sin retrasos) sobre el total de pedidos que ha recibido la empresa de sus clientes.
- Pedidos perfectos (sin errores) sobre el total de pedidos que ha emitido la empresa a sus proveedores.
- Pedidos a tiempo (sin retrasos) sobre el total de pedidos que ha emitido la empresa a sus proveedores.
- Índice de rotación de las mercancías.
- Exactitud del inventario.

## NOTA

La palabra KPI es un acrónimo de *Key Performance Indicators,* que significa indicadores de desempeño en español, y hace referencia a una serie de indicadores utilizados para sintetizar información sobre la efectividad y productividad de las acciones realizadas en una empresa, para poder tomar decisiones e identificar aquellas que cumplan con mayor eficacia las metas establecidas en un determinado proceso o proyecto.

---

## APLICACIÓN PRÁCTICA

**María, de Vulcanizados M. M. F., está redactando un dosier sobre su empresa y quiere saber si está dentro de la llamada logística 4.0. Lo primero que se plantea es: Vulcanizados M.M.F. lleva décadas digitalizada porque su padre ya introdujo los ordenadores a finales de los años ochenta. ¿Eso significa que está dentro de la Logística 4.0?**

**Solución**

El hecho de utilizar ordenadores para digitalizar la empresa no significa que dicha empresa esté inmersa en la Cuarta Revolución. Esto pertenece a la Tercera Revolución Industrial.

---

 **TAREA 1**

Una empresa que fabrica bajo pedido piezas para reparaciones quiere ajustar los tiempos de entrega. Entre que el cliente hace un pedido y que se carga en el camión transcurren dos días, porque hay que fabricar, embalar y etiquetar. La carga se realiza el segundo día y el tiempo de transporte es de tres días. La entrega se realiza al día siguiente de terminar el transporte. Quieren mantener una holgura de un día, por si hay retrasos. ¿Qué tiempo de entrega tienen que dar a sus clientes? Calcula el *lead time* y suma la holgura necesaria.

---

# 5. RFID

## ☞ HILO CONDUCTOR

María Fernández revisa el funcionamiento de su almacén y descubre que tienen muchos problemas de desviación de inventario, especialmente con ciertos productos caros como los *silent blocks*. María quiere buscar una tecnología que le permita saber dónde almacenarlos sin necesidad de mover otra carga. Quiere poder realizar inventarios instantáneos y está dispuesta a hacer una pequeña inversión para conseguirlo: ha decidido implementar en su empresa el uso de etiquetas RFID.

---

Se llama RFID a los sistemas de identificación por radiofrecuencia. Es una tecnología que permite que los objetos se identifiquen de forma única mediante ondas de radio y puede capturar cientos de objetos simultáneamente.

Como se usan ondas de radio, las etiquetas se pueden leer, aunque estén ocultas.

Se requieren tres elementos para que una solución RFID funcione: **antena RFID, lector RFID y etiqueta RFID.** Dependiendo de tu uso y necesidades necesitarás un tipo de *hardware* u otro.

## 5.1. Funcionamiento

Tenemos el lector RFID que envía una señal a la antena, lo que hace que emita ondas de radiofrecuencia. Cuando una de estas ondas llega a una etiqueta RFID, esta se activa y devuelve los datos que contiene a la antena. Esos datos luego llegan a los lectores, quienes los convierten en información. Cuando las etiquetas entran en el radio de acción del lector, la información es capturada automáticamente, y es el propio lector quien comunica la información del producto al WMS a través del *middleware*.

Por lo tanto, la tecnología RFID incluye los siguientes **elementos:**

- **Etiquetas RFID.** Compuestas por antenas, transductores de radio y chips. La antena envía la información al terminal RF. Estas etiquetas tienen diferentes capacidades de memoria interna según el modelo y se pueden dividir en dos tipos:

  a. **Etiquetas RFID pasivas:** estas cuentan con un microchip, antena y soporte físico. El lector de radiofrecuencia activa el microchip y le proporciona la energía necesaria para que pueda responder a la información del producto.
  b. **Etiquetas RFID activas:** son más complejas porque tienen su propia fuente de energía (generalmente una batería de larga duración). Además, en ocasiones, tienen más de una antena, pueden interactuar con diferentes lectores al mismo tiempo, así como incorporar sensores u otros componentes. Suelen ser de mayor tamaño, más caros y tienen una vida útil más corta. A cambio, pueden enviar datos más lejos y ser menos susceptibles a las interferencias.

- **Lector RFID.** Contiene antena y decodificador. El lector comprueba periódicamente si hay etiquetas inteligentes dentro de su alcance. Si se detecta alguno, el terminal leerá y procesará la información que envía.
- ***Middleware* RFID.** *Software* responsable de recopilar la información del lector y transmitirla al sistema central. Por lo general, está conectado a un sistema de gestión de almacenes, que analizará estos datos.

 **DEFINICIÓN**

**WMS**
Son las siglas de *Warehause Management System* o sistema de gestión de almacenes, un *software* especializado para ese ámbito.

## 6. Resumen

Con la expresión Industria 4.0 nos referimos a la cuarta etapa del desarrollo industrial. Algunas de sus características son:

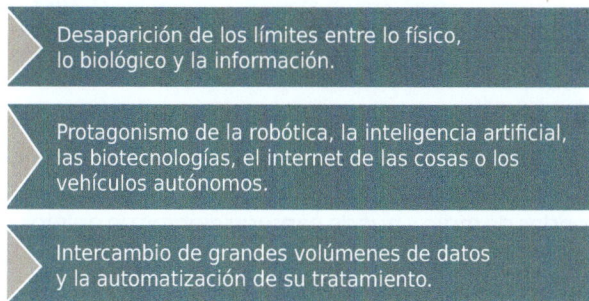

El objetivo de este proceso debe ser conseguir que los clientes tengan el producto con el menor coste posible cumpliendo sus requisitos y consiguiendo, al mismo tiempo, los márgenes de beneficio más altos para todas las empresas que participen en el proceso: productores de materia prima, fabricantes, distribuidores, vendedores, empresas de logística, etc.

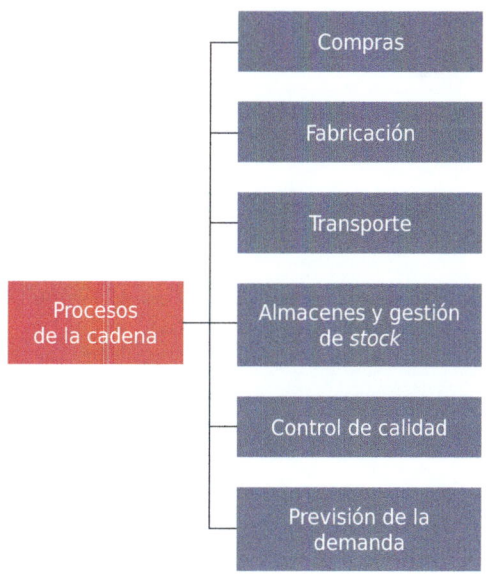

Participan en la cadena de suministro, los siguientes actores:

Se llama RFID a los sistemas de identificación por radiofrecuencia. Es una tecnología que permite que los objetos se identifiquen de forma única mediante ondas de radio y puede capturar cientos de objetos simultáneamente.

Los elementos que forman el sistema son:

# Ejercicios de autoevaluación
# Unidad de Aprendizaje 1

1. **¿Cuáles son las fases que se distinguen habitualmente en el desarrollo histórico industrial?**

   a. Primera, protagonizada por el vapor, y segunda, protagonizada por la electricidad.
   b. Primera, protagonizada por la electricidad, segunda, protagonizada por los motores de vapor y tercera, protagonizada por lo digital.
   c. Primera, protagonizada por el vapor, segunda, protagonizada por la electricidad y tercera, protagonizada por la Revolución Digital.
   d. Primera, protagonizada por el vapor, segunda, protagonizada por la electricidad, tercera protagonizada por la Revolución Digital y cuarta, protagonizada por los grandes volúmenes de datos y la desaparición de los límites entre lo físico y la información.

2. **Indica cuál de estos conceptos NO corresponde a la logística 4.0.**

   a. Robótica
   b. Decisiones basadas en datos
   c. Electrificación
   d. Inteligencia artificial

3. **¿En qué consiste el EDI?**

   a. Es un formato electrónico de transmisión de documentos comerciales.
   b. Es una tecnología de gestión de *stocks.*
   c. Es un formato electrónico de transmisión de documentos financieros.
   d. Es una herramienta de seguimiento y trazabilidad formada por etiquetas y lectores de radiofrecuencia.

4. **¿A qué llamamos objetivos estratégicos?**

   a. A los objetivos más importantes
   b. A los objetivos a largo plazo

c. A los objetivos a corto plazo

d. A los objetivos a medio plazo

**5. ¿A qué llamamos objetivos tácticos?**

a. A los objetivos más importantes

b. A los objetivos a largo plazo

c. A los objetivos a corto plazo

d. A los objetivos a medio plazo

**6. Determina si la siguiente oración es verdadera o falsa: "Optimizar significa llevar a un proceso hacia su máxima eficacia posible".**

■ Verdadero

■ Falso

**7. ¿Cuáles son los objetivos operativos?**

a. A los objetivos más importantes

b. A los objetivos a largo plazo

c. A los objetivos a corto plazo

d. A los objetivos a medio plazo

**8. Señala la opción correcta:**

a. La logística se refiere al transporte de mercancías.

b. La logística incluye transporte y almacén desde que se produce, extrae o fabrica el producto hasta el consumidor final.

c. La logística se refiere al almacenamiento intermedio de mercancías.

d. La logística incluye transporte y almacén de las compras hasta las empresas productoras exclusivamente, el proceso hasta el cliente final se denomina distribución.

9. Determina si la siguiente oración es verdadera o falsa: "El término KPI hace referencia a indicadores utilizados para sintetizar información sobre la efectividad y productividad de las acciones para poder tomar decisiones e identificar aquellas que cumplan con mayor eficacia las metas establecidas en un determinado proceso o proyecto".

   ■ Verdadero
   ■ Falso

10. Ordena adecuadamente los pasos a seguir en la planificación de la dirección empresarial:

    • Control de la ejecución
    • Planificación operativa
    • Planificación estratégica
    • Planificación táctica

# Data analytics

## Contenido

## Objetivos

El objetivo general de esta Unidad de Aprendizaje es:

→ Utilizar la analítica de datos para optimizar la cadena de suministros.

Los objetivos específicos de esta Unidad de Aprendizaje son:

→ Comprender qué significa el análisis de datos.

→ Conocer las técnicas más importantes para el análisis de datos.

→ Analizar algunos ejemplos reales de uso de las técnicas de análisis de datos.

# 1. Introducción

Desde el advenimiento de la era digital, especialmente desde la expansión de internet, las personas han estado generando datos, almacenándolos y compartiéndolos a través de diferentes canales. El crecimiento en el volumen de datos generados, los tipos de datos creados y la velocidad a la que se generan y almacenan los datos está impulsando el análisis de datos. Por lo tanto, se están desarrollando métodos para aprovechar todos estos datos. Este fenómeno se llama *big data* y lo veremos en la siguiente unidad.

En contraposición, el análisis tradicional de datos, o *small data*, busca dar relevancia a la información de pequeños datos, o data pequeña, con la que cuentan empresas y organizaciones de menor tamaño, que puede ser suficiente para mejorar su rendimiento. En otras palabras, el análisis de datos seleccionados y condensados produce análisis predictivos que, a veces, son más precisos que los resultados de los algoritmos más sofisticados. El análisis de datos puede ser útil para todos los departamentos de la organización y, actualmente, todas las empresas tienen disponibles datos ya recopilados que están listos para ser analizados.

Vulcanizados M. M. F. tiene muchos datos acumulados de las últimas décadas, dado que llevan años usando ordenadores y archivando cuidadosamente todos los documentos generados (contabilidad, hojas de cálculo de producción y análisis de rentabilidad, correspondencia comercial, etc.). Cada vez tienen más datos y María quiere saber qué puede hacer con ellos.

# 2. El análisis de datos

☞ **HILO CONDUCTOR**

Vulcanizados M. M. F. tiene muchos problemas para tomar decisiones de compra. María quiere saber qué puede hacer para usar los datos de que dispone y así tomar mejores decisiones y ajustar su producción a las futuras demandas de sus clientes.

- - - - - - - - - - - - - - - - - - - - - - - - - - - - - - - - - - - - - - - -

El análisis de datos es el proceso de recopilar, revisar, depurar y transformar datos con el objetivo de señalar la información útil que contienen para obtener conclusiones como apoyo para tomar decisiones. El análisis de datos tiene muchos aspectos e incluye distintas técnicas para cualquier ámbito empresarial y para cualquier campo de la ciencia. Consiste en recoger datos y después analizarlos, permite sacar conclusiones, además de servir como apoyo o refutación de conjeturas o teorías.

Las empresas hoy tienen una variedad de mecanismos para analizar los datos que son críticos para el buen funcionamiento de su negocio y su ventaja competitiva. Esto es cierto tanto para datos pequeños como grandes.

Los pequeños datos se refieren a todos los microdatos, microinformación o pequeñas pistas que se recopilan diariamente dentro de una empresa a través de lo siguiente:

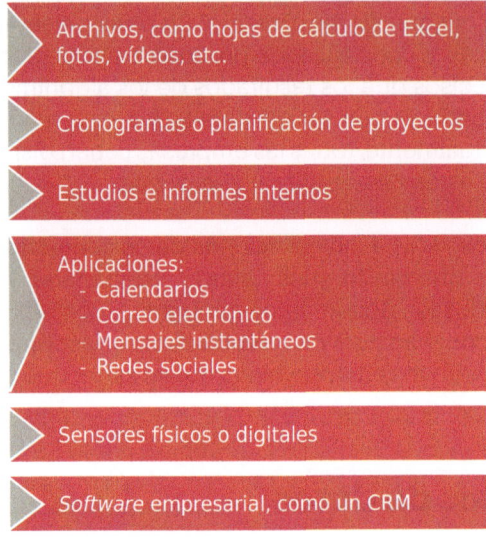

Dependiendo de los procesos particulares que se quieran optimizar, aportará ventajas específicas. Utilizando pequeños datos, las empresas son capaces de tomar decisiones basadas en criterios objetivos, cuantificables y medibles. Dichos datos se pueden utilizar para estudiar y luego optimizar la productividad y eficiencia de todos los departamentos, especialmente recursos humanos, ventas, *marketing*, logística, etc.

Algunas de las **claves de un análisis de datos** son:

➲ **Origen.** Los datos se obtienen de distintas fuentes. Cuanta mejor calidad tengan, mejor será el estudio. Las fuentes pueden ser: encuestas, datos económicos de la empresa como ventas, beneficios, incidencias, consultas, etc.

- ⮑ **Volumen.** Al analizarse datos concretos no es necesario una gran cantidad de volumen ni mucho espacio de almacenamiento.
- ⮑ **Contexto.** En un análisis de datos el contexto es esencial y no se debe perder de vista. Muchos de los errores en el análisis de datos proceden de no tener en cuenta el contexto de estos a la hora de sacar conclusiones o tomar una decisión.
- ⮑ **Visualización.** Si la información obtenida puede visualizarse fácilmente eso permitirá que sea accesible y comprensible.
- ⮑ **Relevancia.** El análisis de datos permite a las empresas centrarse en lo que realmente es relevante para cada negocio.
- ⮑ **Objetivo.** El objetivo del análisis de datos es detectar pequeñas pistas que permitan descubrir tendencias y oportunidades ocultas.

 **ACTIVIDAD COMPLEMENTARIA**

2. Piensa en las hojas de cálculo y bases de datos de todo tipo que genera una empresa. Haz una lista de tres archivos que genere cualquier empresa.

## 3. Técnicas de analítica de datos

☞ **HILO CONDUCTOR**

María está investigando cómo usar los datos de que dispone Vulcanizados M. M. F. para conseguir ventajas competitivas frente a sus competidores y para optimizar todos los procesos internos de la empresa. No puede contratar a un experto en análisis de datos porque no tiene presupuesto, así que se centra en las plataformas y técnicas más asequibles para sacar partido de la información de qué dispone.

El uso práctico de los datos requiere algún programa o plataforma que puede ser de dos tipos: analíticos (nos dan información de los datos reales) o predictivos (nos dan orientaciones o indicaciones de lo que puede pasar en el futuro partiendo de los datos reales que tenemos).

El principal método es el análisis de los datos más simples y concretos, aquellos que afectan a las particularidades de cada negocio. Como tal, se enfoca en identificar oportunidades para mejorar la eficiencia de los procesos y las relaciones con los clientes, yendo a donde los datos no pueden llegar y complementándose con *big data* que proporciona los porqués y los sentimientos relevantes para los clientes.

De hecho, según Lindstrom, creador del concepto *small data,* cualquier empresa puede hacerlo teniendo en cuenta siete aspectos sin especiales herramientas informáticas ni estadísticas, simplemente usando hojas de cálculo. Estos siete **aspectos** son:

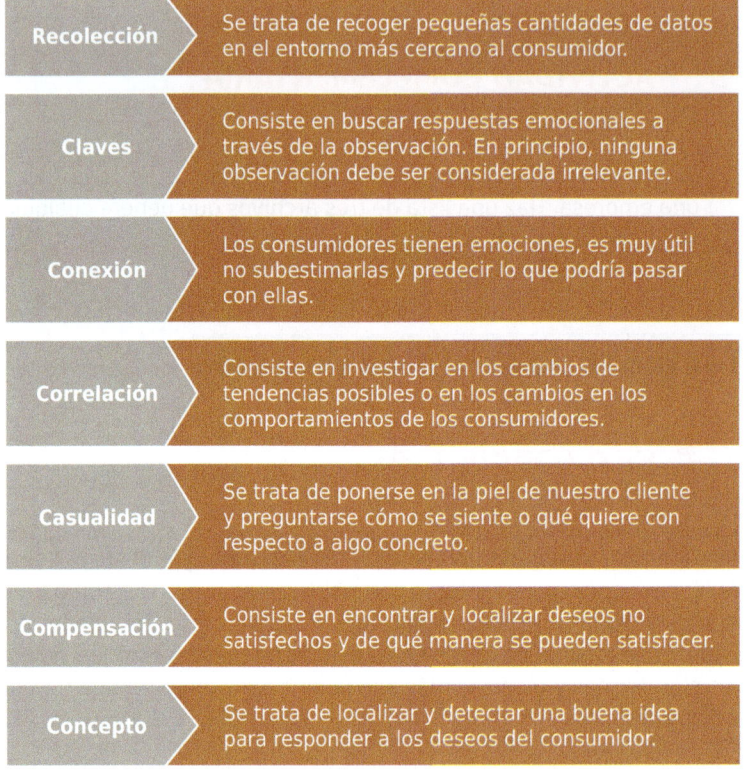

| Recolección | Se trata de recoger pequeñas cantidades de datos en el entorno más cercano al consumidor. |
| Claves | Consiste en buscar respuestas emocionales a través de la observación. En principio, ninguna observación debe ser considerada irrelevante. |
| Conexión | Los consumidores tienen emociones, es muy útil no subestimarlas y predecir lo que podría pasar con ellas. |
| Correlación | Consiste en investigar en los cambios de tendencias posibles o en los cambios en los comportamientos de los consumidores. |
| Casualidad | Se trata de ponerse en la piel de nuestro cliente y preguntarse cómo se siente o qué quiere con respecto a algo concreto. |
| Compensación | Consiste en encontrar y localizar deseos no satisfechos y de qué manera se pueden satisfacer. |
| Concepto | Se trata de localizar y detectar una buena idea para responder a los deseos del consumidor. |

Aun así, existen muchas **herramientas analíticas** que ayudan a las empresas a realizar estos análisis estadísticos.

Mientras que los grandes datos (*big data*) nos indican qué tendencias seguir en nuestro campo de actividad (hábitos de consumo o el comportamiento de los clientes típicos), pequeños conjuntos de datos cuidadosamente se-leccionados nos aportarán la perspectiva de información antes mencionada.

Según el *World Economic Forum,* los posibles **beneficios del análisis de datos** son:

- **Descubrir la diversidad de la demanda de los clientes.** ¿Qué compran? ¿Qué me compran a mí?
- **Detectar las necesidades reales de los clientes.** Conocer no solo aquellas cosas que los clientes nos piden, sino también las que no nos piden y anticiparse a sus demandas. ¿Qué puedo ofrecer que mis clientes pueden necesitar y ahora no les ofrezco? ¿Que están comprando a otros proveedores y qué es lo que aún no compran, pero podrían comprar en el futuro próximo?
- **Averiguar si el tamaño de un mercado es suficiente para un nuevo producto.** ¿Será rentable si introduzco determinado producto en mi catálogo?
- **Averiguar cómo desarrollarse o expandirse en un mercado concreto.** ¿Qué puedo ofrecer para crecer entre determinados clientes que me interesan más que otros?
- **Saber cuánto estarían dispuestos a pagar los consumidores por un producto.** Hemos detectado una demanda en concreto, ¿a qué precio tengo que venderlo para que mis clientes u otros nuevos lo compren?
- **Mejorar la experiencia de usuario escuchando a los consumidores.** Aparte de precio y producto, ¿qué quieren mis clientes? ¿Necesitan entregas inmediatas? ¿Es más importante el servicio técnico que la rapidez? ¿Quieren asistencia personalizada? ¿Necesitan o agradecen algún tipo de seguimiento? No merece la pena hacer inversiones en este ámbito si los clientes no lo van a agradecer, pero si podemos mejorar su experiencia, es muy rentable hacer inversiones, ¿cómo ajustamos estas dos realidades?
- **Mejorar el producto atendiendo a las particularidades locales.** ¿Quieren mis clientes etiquetado o asistencia en otro idioma? ¿Qué cantidad consumen? ¿Cómo me adapto a sus sistemas de almacenamiento, maquinaria, herramienta, etc.?
- **Mejorar procesos internos.** Todos los datos sobre nuestra empresa nos pueden ayudar a descubrir qué actividades nos dan valor añadido y cuáles no, cuáles son percibidas por el cliente y cuáles no, para centrarnos en las primeras y tratar de reducir las segundas en lo posible.

## 3.1. Fases del análisis de datos

El uso práctico del análisis de datos se hace en todos los casos siguiendo los siguientes **pasos:**

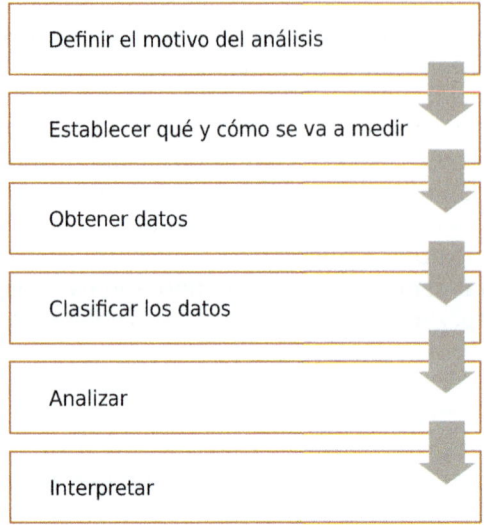

# 4. Casos de uso

## ☞ HILO CONDUCTOR

María investiga y busca una manera de sacar provecho de los datos que tiene para reducir costes sin bajar el nivel de calidad de servicio, centrándose en la mejora de los costes logísticos y en mejorar su servicio al cliente.

- - - - - - - - - - - - - - - - - - - - - - - - - - - - - - - - - - - - - - -

En el sector minorista, es decir, aquel que vende a los consumidores finales, hay muchas aplicaciones reales y efectivas del análisis de datos. El pequeño y mediano comercio tiene muchos datos disponibles y tiene acceso a otros muchos para mejorar sus resultados: datos de compras, productos adquiridos, número de visitas en redes sociales, foros, etc., interés demostrado por clientes que no compran.

A continuación, se analizarán **casos reales,** de empresas reales:

➲ **Tesco.** El origen de las tarjetas de fidelización se puede rastrear hasta 1995. La empresa de supermercados Tesco, de Reino Unido, quería saber qué y cómo compraban sus clientes y dónde vivían, para tomar decisiones sobre la apertura de nuevas tiendas. Para ello lanzaron el sistema Tesco Clubcard, una tarjeta que incluiría el nombre, el código postal del cliente y un número, lo que permitiría obtener los datos que quería conocer la compañía, asociando cada número de cliente a las compras que realizaba.

Para convencer a los clientes de que la usaran, el programa suponía que por cada compra registrada con su número de tarjeta el cliente ganaría puntos para gastar en la tienda. Hoy en día, esto nos parece muy natural, pero, en su momento, fue muy innovador. Los datos que acumulaba la empresa eran muy limitados, pero permitieron a la empresa tomar decisiones, por primera vez, basadas en análisis objetivos.

Tesco analizó los datos y enseguida descubrió que unos pocos clientes suponían la mayor parte de sus ventas. Con este dato crearon dos tipos de promociones: unas para premiar a los clientes habituales dándoles descuentos en cada compra y otras para convencer a los clientes ocasionales de que volviesen, con cupones de descuento para próximas compras. También descubrieron hasta qué distancia estaba dispuesta la gente a viajar para comprar en sus supermercados y con eso diseñaron el mapa de nuevas aperturas. Por último, descubrieron qué productos se consumían juntos en cada compra y diseñaron ofertas especiales para este tipo de consumo.

➲ **Toyota.** Como empresa que siempre ha estado en la vanguardia de la industria, la japonesa Toyota ha estado usando el Internet de las Cosas desde hace años. Su jefe de ingeniería de calidad, Jeff Makarewicz, sostiene que les ha ayudado a solucionar rápidamente problemas de calidad. Pueden realizar la trazabilidad de cada pieza en particular hasta el origen cuando se produce una incidencia, para localizar si hay algún problema en el proceso de fabricación. También usan *big data* para diseñar programas de mantenimiento óptimos.

Uno de sus programas es el *Toyota Big Data Center* donde usan información obtenida de sus vehículos conectados para obtener información sobre movilidad, previsión de la demanda, crear nuevas experiencias de cliente, etc.

Una de las cosas que está haciendo la empresa es comprobar cómo se conducen los vehículos híbridos para diseñar mejores baterías y aumentar su durabilidad. También comparten sus datos con sus proveedores y con compañías de seguros cuando los clientes así lo solicitan, para conseguir mejores precios en sus pólizas.

 **TAREA 2**

María ha recopilado los datos de sus furgonetas de reparto y quiere analizarlos para ver qué cambios debe hacer en la empresa y en qué es mejor que las demás. Los ha introducido en ACOTRAVI y ha obtenido esta comparativa entre su empresa y los datos medios del sector. ¿En qué partidas concretas tiene posibilidades de mejora? ¿Qué es lo que hace mejor MMF que la media del sector?

| TIPOS DE COSTES | COSTES ANUALES DISTRIBUCIONES MMF | COSTES ANUALES MEDIOS DEL SECTOR |
| --- | --- | --- |
| **Costes totales** | 47.438,00 € | 51.830,51 € |
| **Costes directos** | 43.178,00 € | 48.667,15 € |
| **Costes por tiempo** | 32.153,00 € | 34.944,56 € |
| Amortización del vehículo | 2.230,00 € | 2.235,28 € |
| Financiación del vehículo | 457,00 € | 343,20 € |
| Personal de conducción | 25.000,00 € | 28.119,22 € |
| Seguros | 3.992,00 € | 3.771,81 € |
| Costes fiscales | 474,00 € | 475,05 € |
| **Costes Kilométricos** | 11.025,00 € | 13.722,59 € |
| Combustibles | 7.120,00 € | 6.307,89 € |
| Urea | 254,00 € | 245,07 € |
| Neumáticos | 789,00 € | 582,63 € |
| Mantenimiento | 412,00 € | 461,30 € |
| Reparaciones | 500,00 € | 820,05 € |
| Dietas | 1.200,00 € | 5.305,65 € |

*Continúa en página siguiente >>*

*<< Viene de página anterior*

| TIPOS DE COSTES | COSTES ANUALES DISTRIBUCIONES MMF | COSTES ANUALES MEDIOS DEL SECTOR |
|---|---|---|
| Peajes | 750,00 € | 0,00 € |
| **Costes indirectos** | 4.260,00 € | 3.163,36 € |

# 5. Resumen

Actualmente, todas las empresas, hasta las más pequeñas, disponen de muchos datos procedentes de su propia actividad. Su análisis les permite tomar mejores decisiones.

Las fases que hay que seguir, en cualquier caso, usemos una herramienta especial o no, son las siguientes:

# Ejercicios de autoevaluación
# Unidad de Aprendizaje 2

**1. ¿Cuáles son los tipos de análisis de datos?**

    a. *Big data, medium data, small data.*
    b. *Big data y small data.*
    c. *Big data y medium data.*
    d. *Big data, medium data, small data, business intelligence.*

**2. Indica cuál es la definición del concepto "análisis de datos".**

    a. Recopilar, revisar, depurar y transformar los datos para poder tomar mejores decisiones.
    b. Recopilar datos para poder tomar mejores decisiones.
    c. Revisión y depuración de datos para disponer de mejores datos.
    d. Herramientas matemáticas para tratar datos y tomar decisiones.

**3. ¿Cuál de las siguientes NO es una fuente de datos?**

    a. EDI
    b. Archivos
    c. Estudios o informes
    d. *Software* empresarial

**4. ¿Cuál de las siguientes es una herramienta específica de análisis de datos?**

    a. *Material Resources Planning*
    b. *Enterprise Resources Planning*
    c. *Customer Relationship Program*
    d. *Business Intelligence*

**5. ¿Qué empresa fue la creadora de las tarjetas de fidelización de clientes?**

    a. Carrefour
    b. Wallmart

   c. Tesco
   d. El Corte Inglés

6. Determina si la siguiente frase es verdadera o falsa: "ACOTRAM es una aplicación que permite comparar los costes de una empresa de transporte de mercancías por carretera con los datos de la media del sector".

   ■ Verdadero
   ■ Falso

7. Determina si la siguiente frase es verdadera o falsa: "ACOTRAVI es una aplicación que permite comparar los costes de una empresa de transporte de mercancías por carretera con los datos de la media del sector".

   ■ Verdadero
   ■ Falso

8. Señala la opción correcta:

   ■ Un único dato, como el código postal de los clientes, es inútil si no sabemos quiénes son los clientes.
   ■ Incluso un único dato, como el código postal de los clientes, es muy útil.
   ■ Un único dato es siempre inútil, sea el que sea.
   ■ Un único dato puede ser muy útil, pero el código postal actualmente no es uno de ellos.

9. Determina si la siguiente oración es verdadera o falsa: "La creación de las tarjetas de fidelización se pueden rastrear hasta los supermercados Tesco, que la crearon en el año 1965".

   ■ Verdadero
   ■ Falso

10. Ordena adecuadamente los pasos a seguir en el análisis de datos:

   • Interpretar
   • Establecer qué y cómo se va a medir

- Definir el motivo del análisis
- Analizar
- Clasificar
- Obtener datos

# Nuevas tecnologías y soluciones de almacenaje

## Contenido

## Objetivos

El objetivo general de esta Unidad de Aprendizaje es:

→ Aplicar la técnica de gestión integrada de materiales para mejorar flujos y almacenamiento.

Los objetivos específicos de esta Unidad de Aprendizaje son:

→ Familiarizarse con la idea de optimización de procesos.

→ Conocer algunas soluciones de *software* adaptadas a esta técnica de gestión integrada de materiales.

→ Analizar los procesos de integración de sistemas de procesamiento de datos.

→ Analizar un proceso para detectar posibles ineficiencias.

# 1. Introducción

Vivimos en un mercado que cambia rápidamente, mucho más que en ningún momento anterior de la historia. La competencia es casi mundial, las nuevas tecnologías y los gustos cambiantes de los consumidores hacen que las empresas necesiten contar con una organización ágil para poder afrontar esta serie de cambios. Para lograr este objetivo, las empresas deben llevar a cabo una buena optimización de procesos.

La optimización de procesos de negocio es una práctica destinada a aumentar la eficiencia empresarial mediante la mejora de los procesos para hacer un mejor uso de los recursos. No hay duda de que puede ayudar a las empresas a mantenerse competitivas a largo plazo. En esta unidad vamos a estudiar cómo se puede lograr y a estudiar sus beneficios.

María quiere que Vulcanizados M. M. F. siga creciendo y mejorando su rentabilidad, no solo para ganar dinero, sino también para poder dejársela a sus hijos como su padre y su abuelo se la dejaron a ella. Para eso quiere saber cómo optimizar sus procesos.

# 2. Optimización de procesos

### 👉 HILO CONDUCTOR

María Fernández sabe que en su empresa se hacen muchas cosas simplemente por inercia, porque se han hecho siempre así o porque se han ido desarrollando las maneras de trabajar sin hacer un análisis global de los procesos y de las acciones. Quiere saber cómo mejorar su manera de trabajar sin tener que hacer grandes inversiones, simplemente sacando el máximo partido de los medios y personas con quien ya trabaja.

La optimización de procesos es el campo del ajuste continuo de los procesos para mejorarlos y aprovechar mejor los recursos. Esto requiere un análisis para identificar las deficiencias y encontrar formas de mejorarlas. La eficiencia de una empresa depende de sus procesos, de ahí la importancia de su optimización para lograr la ventaja competitiva requerida.

La optimización de procesos implica analizar todos los procesos de negocio para eliminar posibles errores y mejorar la eficacia y la eficiencia. Al hacer esto, las empresas pueden disminuir el tiempo que lleva completar cada proceso.

La optimización se realiza siguiendo los siguientes **pasos:**

1. **Identificar.** En primer lugar, es necesario determinar qué procesos se siguen en cada empresa y los pasos que se llevan a cabo en cada uno. Es la parte más complicada y larga, que suele llevar sobre el 80 % del tiempo destinado a optimización. Para eso nos haremos las siguientes preguntas sobre cada proceso:

   ↻ ¿Cuál es el objetivo final de este proceso?
   ↻ ¿Dónde comienza y dónde termina este proceso?
   ↻ ¿Qué actividades forman parte del proceso y lo impulsan?
   ↻ ¿Qué departamentos y personas están involucrados?
   ↻ ¿Qué información se pasa entre estos pasos?

2. **Replantear.** Ahora es el momento de repensar o replantear el proceso, centrándose en cómo se realizan los pasos y cómo fluye el proceso, como parte de la optimización del proceso. En este caso, las preguntas deben ser las siguientes:

   ↻ ¿Hay una mejor manera de realizar este proceso?
   ↻ ¿Cómo funciona exactamente este proceso?
   ↻ ¿Cuánto papel (por ejemplo) se utilizó en el proceso?
   ↻ ¿Cuánto tiempo se tarda en completar el proceso?
   ↻ ¿Cuánto tiempo se pierde reiniciando y corrigiendo errores?
   ↻ ¿Dónde se detiene el proceso?

3. **Aplicar.** Después de comprender el proceso en detalle e identificar el potencial de cambio y la necesidad de mejora, es hora de implementar el proceso de una nueva manera. Esta es la parte más difícil de la optimización de procesos. De esta forma, podemos comprobar los resultados, obtener información y ver si las mejoras son positivas. Puede ocurrir que el proceso no finalice como se esperaba, el dispositivo no se adapte o que la aplicación no finalice correctamente. En ese caso, es necesario volver a iniciar el proceso.

4. **Sistematizar.** Automatizar los procesos probados y aprobados en toda la empresa. No sirve de nada optimizar en la teoría si no lo llevamos a la práctica, por lo tanto, es importante extender los nuevos procesos optimizados y estandarizarlos en toda la organización.

5. **Controlar.** Después de la automatización se debe comprobar si se han reducido los costes y los errores, si hemos conseguido reducir el desperdicio y si, efectivamente, ha aumentado la productividad.

Seguramente se descubrirán nuevas áreas de mejora y nuevos problemas que podremos solucionar.

Optimizar también tiene algunos **problemas** que hacen que muchas empresas se desilusionen con la metodología. Algunos de ellos son:

**Inercia**
La inercia es una fuente muy importante de problemas. Cuanto más tiempo y de manera más mecánica se haya estado haciendo algo, más difícil resulta revisarlo y modificarlo.

**Resistencia al cambio**
Para hacerle frente se debe informar a los empleados sobre qué significa la optimización de procesos y cuáles son los objetivos.
Es importante tener en cuenta su opinión.

**Intentar demasiados cambios a la vez**
Es preferible tener un proyecto bien integrado que muchos parches provisionales.

**Falta de continuidad**
La continuidad es importante, ya que asegura que la optimización de los procesos de negocio sea continua y evita volver a caer en viejos hábitos.

**Olvidar procesos de soporte**
Los procesos industriales involucran no solo procesos operativos, sino también procesos de administración, gestión y control, si solo se optimizan aquellos que son más visibles el de optimización quedará cojo.

## ✏ ACTIVIDAD COMPLEMENTARIA

3. Piensa en los distintos procesos que se realizan dentro de Vulcanizados M. M. F. Recuerda que es una empresa que compra a proveedores de materia

*Continúa en página siguiente >>*

*<< Viene de página anterior*

prima, fabrica productos de goma y los suministra a sus clientes. Tienen un almacén en el que reciben la materia prima comprada y la almacenan para, posteriormente, usarla. Después, almacenan los productos terminados y los envían en sus propios medios de transporte.

Cada vez que se recibe un producto hacen un pequeño control para asegurarse de que la calidad es la que se ha pedido y si el producto no cumple los requisitos, lo devuelven al proveedor. Identifica uno de los procesos y determina qué pasos crees que pueden componerlo, después compara con tus compañeros hasta detectar un mínimo de tres procesos.

---

## 3. Soluciones *software* adaptadas a esta técnica de gestión integrada de materiales

### ☞ HILO CONDUCTOR

María Fernández busca en el mercado un *software* que le ayude a optimizar los procesos de su empresa y a centralizar la información y las gestiones que realizan sus trabajadores. Busca uno que incluya un ERP, es decir, que le ofrezca gestionar todos los aspectos de su empresa: compras de materia prima, producción, ventas, pagos, financiero, recursos humanos, etc.

---

El *software* de optimización de procesos es un sistema integrado en una plataforma digital para administrar y automatizar varios procesos dentro de una empresa. Su enfoque principal es mejorar el desempeño de cada programa interno. Este tipo de herramientas se enfoca en ayudar a las empresas a optimizar los recursos y aprovecharlos al máximo aportándoles una visión estratégica integral.

Normalmente, estos programas se engloban en los llamados BMP *(Business Management Process)*. Pueden ser personalizados para cada empresa o ser soluciones prediseñadas que se encuentran en el mercado y pueden parametrizarse para adaptarse hasta cierto punto.

Mediante estos sistemas, la empresa pretende aumentar la productividad en todas sus áreas, a través de un mejor control y optimización de los recursos. El objetivo principal de este *software* es ayudar a las empresas y sus miembros a controlar mejor la organización de la información y, por lo tanto, controlar de manera más efectiva los documentos de la empresa. El *software* de optimización le permite almacenar y organizar la información relacionada con los recursos de la empresa.

Estos *softwares* ofrecen las siguientes **ventajas:**

Hay muchísimas soluciones de este tipo en el mercado y cada día aparecen propuestas nuevas. Los BMP o *Business Manager Processor* están especialmente indicados para las empresas comerciales. Permiten crear desde cero o revisar procesos de ventas, para conseguir un modelo estándar que se pueda usar de manera habitual.

Hay muchos programas tipo BMP en el mercado y no es fácil decidirse por uno u otro. A la hora de escoger debemos tener en cuenta los siguientes **aspectos:**

➲ **Formas de representar flujos de trabajo.** Todos estos programas parten de la representación de los flujos de trabajo, tanto los que tenemos actualmente implantados como aquellos que nos permitirán trabajar de manera optimizada. Debemos comprobar si nos resulta fácil a nosotros y a los trabajadores que vayan a usarlos.
➲ **Si necesitamos o no herramientas móviles o en la nube.** En función de la empresa necesitaremos o no este tipo de acceso, aunque actualmente casi todas las soluciones la ofrecen.
➲ **Accesos controlados.** Según el tamaño de la empresa y cómo se organice, necesitaremos controlar y limitar el acceso de cada usuario.
➲ **Integración.** Muchos programas de optimización de proyectos permiten integrarse con otros programas, puede ser el paquete *Office de Microsoft, Zoom, Teams,* las herramientas de *Google,* etc. Cada empresa debe analizar qué necesita integrar y qué no.

## 3.1. Diagramas de flujo

Todas las herramientas de *software* que vamos a ver se basan en diagramas de flujo. Es importante conocer el sistema para entender después cómo son las interfaces de los programas. Se utiliza para planificar, visualizar y documentar pasos importantes de un proceso. Se puede combinar con otros sistemas.

**NOTA**

Es un invento original de los ingenieros Lilian y Frank Gilbreth, quienes lo propusieron en 1921, y consiste en un diagrama que representa todos los pasos, secuencias y decisiones de un flujo de trabajo.

- - - - - - - - - - - - - - - - - - - - - - - - - - - - - - - - - - - - - - -

Cada forma geométrica significa una cosa y, a diferencia de otros sistemas gráficos, incluye la toma de decisiones. Su diseño es relativamente complejo, pero una vez completados, son fáciles de entender y modificar.

**APLICACIÓN PRÁCTICA**

**María, de Distribuciones M. M. F., está estudiando sus procesos. Para empezar, quiere realizar un diagrama de flujo de su sistema de recogida de pedidos, que es el siguiente:**

**Los clientes hacen un pedido por *e-mail*. La persona responsable de los pedidos lo registra en la hoja de cálculo que utilizan. Esa misma persona comprueba en esa hoja si hay *stock* suficiente de cada producto, si hay, simplemente imprime el pedido y lo pasa al almacén, si no hay, abre una nueva hoja de cálculo que contiene las compras que hay que hacer a los proveedores. Ahí termina el proceso de pedido y empieza el de compras.**

**¿Cuál de los siguientes es el diagrama de flujo del sistema de recogida de pedidos de María?**

*Continúa en página siguiente >>*

*<< Viene de página anterior*

**Diagrama de flujo 1**

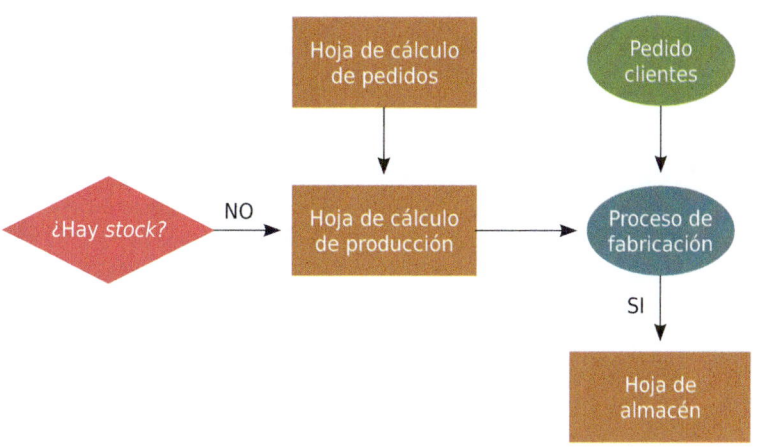

**Diagrama de flujo 2**

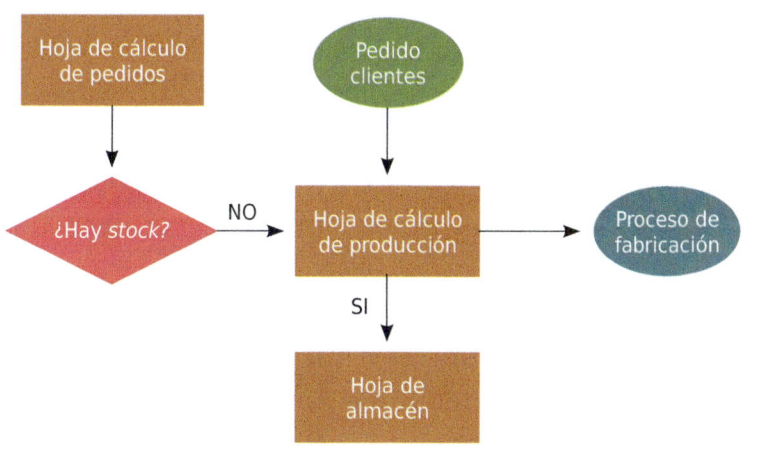

*Continúa en página siguiente >>*

*<< Viene de página anterior*

**Diagrama de flujo 3**

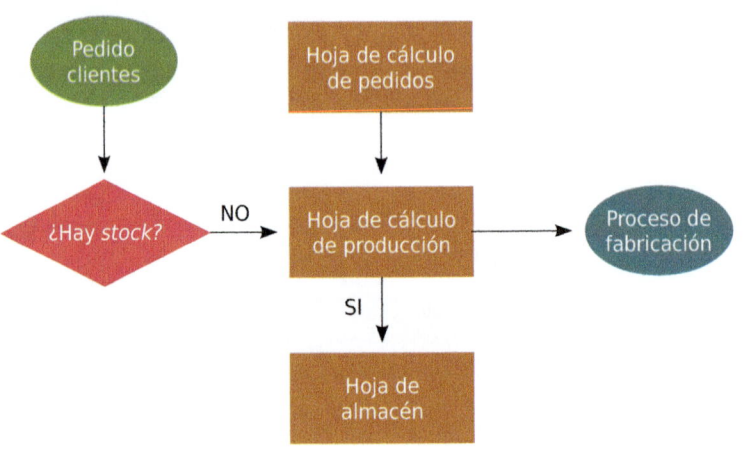

**Diagrama de flujo 4**

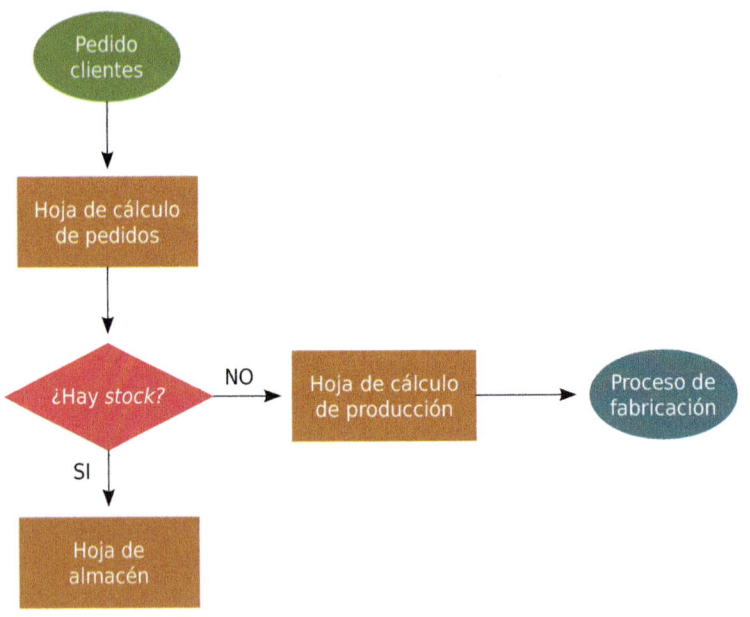

*Continúa en página siguiente >>*

*<< Viene de página anterior*

**Solución**

Esta opción es la única que refleja los pasos en orden. Primero, entra un pedido de un cliente, se comprueba si hay o no *stock.* Si hay, se imprime el pedido para que lo preparen en el almacén, si no, se emite un pedido de compra. En las respuestas 1, 2 y 3 el proceso no empieza con el pedido del cliente, sino con un pedido de compras, con la impresión de un pedido o con la consulta del *stock,* por lo tanto, no se refleja el proceso como se ha descrito.

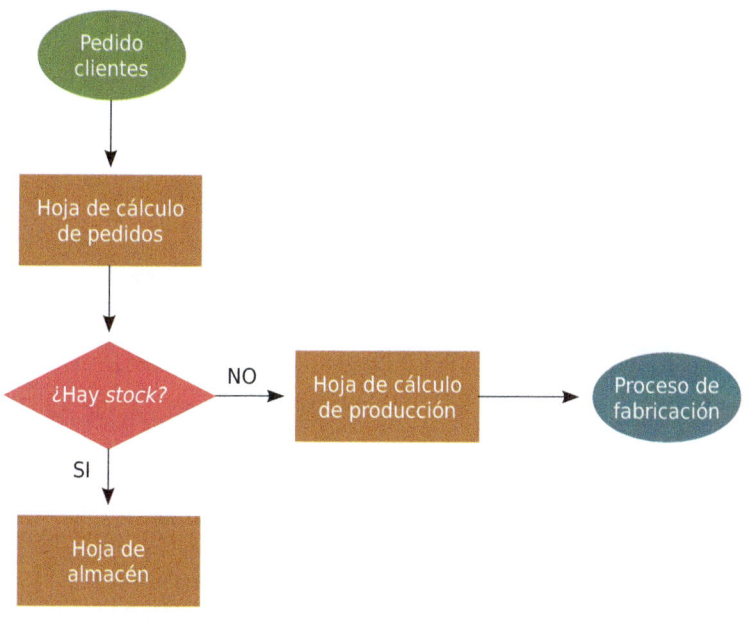

 **TAREA 3**

María está analizando sus procesos logísticos para optimizarlos. Para eso usa un *software* que realiza diagramas de flujo, y ha obtenido este diagrama para su proceso de preparación de pedidos y rutas. Ayuda a María detectando los pasos duplicados en el proceso que se pueden evitar y así evitar errores o, al menos, hacer lo mismo en menos tiempo.

*Continúa en página siguiente >>*

*<< Viene de página anterior*

Esta es la imagen que le aparece en su *software.*

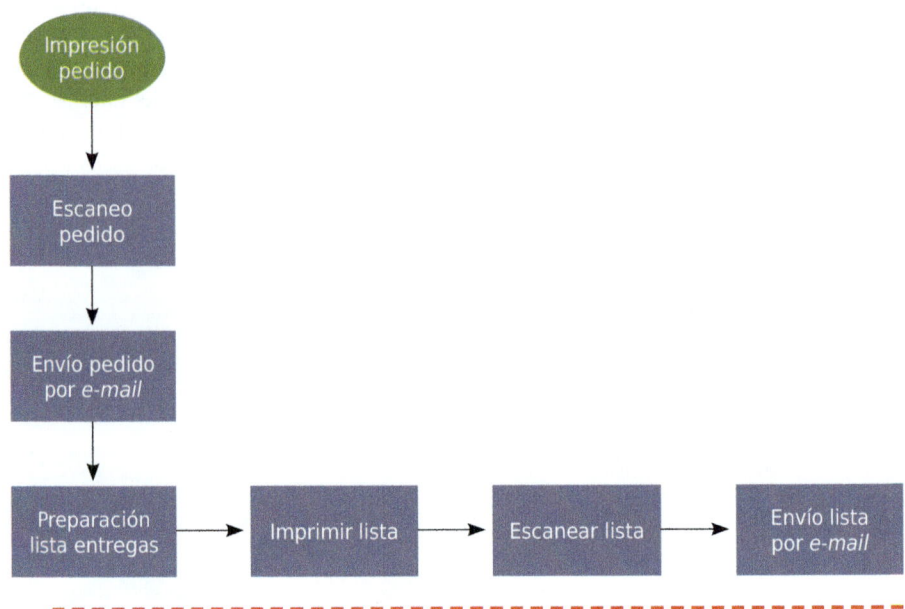

## 3.2. Algunas soluciones disponibles en el mercado

A continuación, vamos a ver algunos de los **programas** que podemos adquirir, teniendo en cuenta que hay muchísimos más de los que aquí podemos mencionar y seguramente aparezcan más en poco tiempo.

➲ ***Pipedrive.*** Es una plataforma de CRM que ayuda a las empresas de todos los tamaños a mejorar sus interacciones con los clientes. Las empresas pueden controlar sus transacciones de *Pipedrive,* identificar problemas y oportunidades y realizar un seguimiento de las interacciones con los clientes. La plataforma también brinda a los equipos de ventas herramientas para administrar las relaciones con los clientes y garantizar que todos los datos críticos se mantengan en una ubicación central.
Además, la plataforma proporciona información sobre las necesidades de los clientes y los patrones de compra, lo que permite a los equipos de ventas tomar mejores decisiones basadas en datos. Brinda a los usuarios una imagen detallada de su flujo de ventas y les permite evaluar y monitorear el desempeño.

➲ *Bizagi.* Es otra popular plataforma de diseño de procesos que facilita descubrir, modelar, administrar y automatizar las operaciones comerciales. Brinda herramientas BPM personalizadas para las industrias de servicios y manufactura, como la automotriz, el procesamiento de alimentos, la cadena de suministro, la banca, el servicio al cliente, el riesgo y el cumplimiento.

Esta herramienta BPM tiene tres módulos dedicados: Bizagi Modeler, Bizagi Studio y Bizagi Automation, los tres organizan la funcionalidad por tipo, brindando a los gerentes de procesos comerciales un acceso rápido a las herramientas adecuadas.

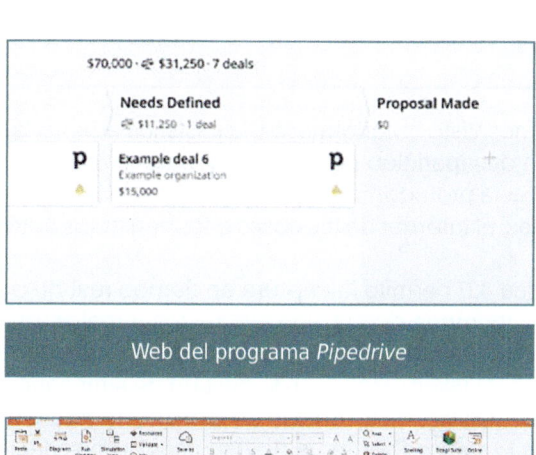

Web del programa *Pipedrive*

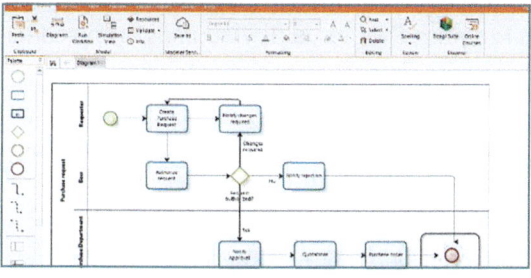

Web del programa *Bizagi*

# 4. Integración de sistemas de procesamiento de datos

## ☞ HILO CONDUCTOR

María ha empezado a trabajar con un *software* y quiere saber qué más, aparte de optimizar procesos, puede hacer con esa herramienta que acaba de adquirir. Para ello profundiza en los conceptos de integración y de Logística 4.0.

---

Como hemos visto anteriormente, la logística adaptada a la Industria 4.0 se basa en la desaparición de los límites entre lo físico, lo biológico y la información, y está protagonizada por la robótica, la inteligencia artificial, las biotecnologías, el internet de las cosas o los vehículos autónomos.

La Logística 4.0 permite la captura en tiempo real de datos de inventario y transporte (tiempos de entrega estimados y reales, planificación de rutas, etc.). En definitiva, hay intercambio de información entre WMS *(Warehause Management System, software* de gestión de almacenes), el TMS *(Transport Management System,* Sistema de Gestión de Transporte) o el ERP *(Enterprise Resources Program,* Programa de Recursos Empresariales).

 **IMPORTANTE**

Se integran las relaciones entre empresas, proveedores, clientes y dentro de las propias empresas. El resultado es una mejora de la eficiencia y la posibilidad de ofrecer valor añadido a los clientes.

---

La integración, la automatización y robotización de maquinaria, almacenes y procesos logísticos, combinando tecnologías de *big data* e inteligencia artificial proporcionan la posibilidad de planificar rutas, preparar pedidos, transportar palés, procesar mercancías o superar obstáculos de forma automática. En estos casos, se elevan las funciones de los equipos humanos, convirtiendo tareas repetitivas y tediosas en tareas de supervisión y organización.

## 5. Resumen

Optimizar procesos consiste en mejorarlos para aprovechar mejor todos los recursos de la empresa. Optimizar es revisar los procesos de negocio para encontrar sus deficiencias y rediseñarlos, incluyendo los procesos de compras, ventas, administración, financiación, gestión de recursos humanos, etc., y también los procesos de control.

Las fases del procedimiento de optimización son:

Algunos de los programas que podemos encontrar son los siguientes:

La Logística 4.0 permite la captura, en tiempo real, de inventarios, transporte, rutas, etc., normalmente utilizando un WMS, un TMS o un ERP.

# Ejercicios de autoevaluación
# Unidad de Aprendizaje 3

**1. ¿Cuál es la finalidad de la optimización de procesos?**

    a. Disminuir los costes
    b. Aumentar los ingresos
    c. Mejorar la eficiencia
    d. Reducir la competitividad de la empresa

**2. ¿De qué depende la eficiencia de las empresas?**

    a. De cómo sean sus procesos
    b. De la financiación que consiga
    c. De cómo de bajos sean sus costes
    d. De cómo sean sus ingresos

**3. ¿Qué busca la optimización de procesos?**

    a. Eliminar errores, mejorar la eficacia y la eficiencia, reducir tiempos.
    b. Reducir el tiempo de los procesos.
    c. Estudiar los procesos.
    d. Reducir los errores.

**4. ¿Cuáles son los principales problemas que encuentran las empresas para optimizar procesos?**

    a. Identificar, replantear, aplicar, sistematizar, controlar.
    b. Eliminar errores, mejorar la eficacia y la eficiencia, reducir tiempos.
    c. Inercia, resistencia al cambio, intentar demasiados cambios a la vez, falta de continuidad y olvidar los procesos de soporte.
    d. Identificar, aplicar, replantear y revisar.

**5. ¿En qué consiste replantear los procesos?**

    a. En identificarlos y analizarlos tal y como se hacen en la actualidad.
    b. En comprobar sus resultados.

   c. En repensarlos, modificando las cosas que son mejorables o eliminar las que son prescindibles.
   d. Automatizar los procesos probados y aprobados en toda la empresa.

**6. Determina si la siguiente frase es verdadera o falsa: "Optimizar en la teoría es suficiente para iniciar la mejora de procesos".**

   ■ Verdadero
   ■ Falso

**7. Determina si la siguiente frase es verdadera o falsa: "Después de la automatización se debe comprobar si se han reducido los costes y los errores, si hemos conseguido reducir el desperdicio y si efectivamente ha aumentado la productividad".**

   ■ Verdadero
   ■ Falso

**8. ¿Qué significa BMP?**

   a. *Business Management Process*
   b. *Bad Management Program*
   c. *Business Melloration Program*
   d. *Business Management Process*

**9. ¿Qué es un diagrama de flujo?**

   a. Un diagrama que representa a todas las personas que trabajan en una organización y las relaciones jerárquicas entre ellas.
   b. Un diagrama que representa todas las tareas que hay que realizar en un proceso colocado cronológicamente.
   c. Un diagrama que representa todos los pasos, secuencias y decisiones de un flujo de trabajo.
   d. Un flujo que representa los diagramas, pasos y secuencias de decisiones de un trabajo.

10. **Ordena cronológicamente los pasos a seguir en la optimización de procesos:**

- Sistematizar
- Replantear
- Identificar
- Aplicar
- Controlar

# *Big data* en Logística 4.0

## Contenido

## Objetivos

El objetivo general de esta Unidad de Aprendizaje es:

→ Utilizar técnicas *de big data,* analítica predictiva y *data science* aplicados a la logística.

Los objetivos específicos de esta Unidad de Aprendizaje son:

→ Familiarizarse con el concepto de *big data.*

→ Conocer los *softwares Hadoop, MapReduce* e *Impala.*

→ Analizar los modelos de analítica predictiva.

→ Aplicar el proceso de optimización al transporte.

→ Analizar un proceso para detectar posibles ineficiencias.

# 1. Introducción

El cambio entre la Revolución Industrial 3.0 y la 4.0 se está llevando a cabo gracias a tecnologías concretas que están cambiando la manera de trabajar en muchos sectores, entre ellos, en logística. Se trata de técnicas de programación que se usan para analizar datos que se consiguen en grandes cantidades y de manera caótica.

Esto es el llamado *big data*. Evidentemente, las tecnologías que analizan esos datos para ayudar a la toma de decisiones son, básicamente, técnicas de programación informática. Muchas de las cuales están basadas en *Hadoop,* como *MapReduce* o *Impala.*

Estos métodos se usan para desarrollar la llamada analítica predictiva. Este tipo de análisis ya existía, pero se está desarrollado mucho en los últimos años gracias a la gran cantidad de datos de los que disponemos y a la velocidad de cálculo que han alcanzado los equipos informáticos.

María sabe que su pequeña empresa está compitiendo ahora mismo con empresas de todos los lugares del mundo en los que los costes de fabricación son mucho más bajos, y los tiempos de entrega no son mucho menores. Para mejorar sus perspectivas tiene que buscar proveedores en todos los países, no limitarse solo a los que tiene cerca, mejorar el servicio que da a sus clientes y limitar al mínimo el desperdicio de materia prima de sus procesos productivos, así como reducir el *stock* de piezas terminadas porque, en muchos casos, si no se fabrican bajo pedido al final, no se venden o necesitan modificaciones para ajustarse.

Para todo eso necesita sacar partido de todos los datos que tiene y aprovechar las nuevas oportunidades que ofrece la tecnología a un sector como el de la automoción que siempre ha estado en la vanguardia.

# 2. Introducción al *Big Data*

 **HILO CONDUCTOR**

María ha escuchado hablar de *big data* y quiere saber si esta tecnología le ofrece alguna ventaja en su empresa particular y en su sector. Sabe que, desde hace

*Continúa en página siguiente >>*

*<< Viene de página anterior*

muchos años, están consiguiendo datos de clientes, proveedores y procesos de fabricación. Quiere aprovechar esos datos y es consciente de que el *big data* tiene algo que ver con esto, pero no sabe el qué, por lo que se informa y trata de aprender al respecto.

------------------------------------------------------------

La tecnología de *big data* se refiere al uso de grandes cantidades de datos, tanto organizados como no organizados. Las personas y las empresas crean diariamente muchísima información, que luego se puede procesar con nuevas herramientas tecnológicas.

Al estudiar el *big data,* el aspecto más importante en el que centrarse es el proceso de análisis, específicamente en cómo se analizan los datos para tomar decisiones. Aquí es donde los nuevos avances tecnológicos tienen el mayor impacto.

Se considera que los grandes datos son cualquier conjunto de datos que es demasiado grande, rápido o complejo para analizar con herramientas tradicionales, como bases de datos y estadísticas estándar, al menos, lo suficientemente rápido como para que sea útil.

# 3. Almacenamiento: *Hadoop* y uso de *MapReduce* e *Impala*

### ☞ HILO CONDUCTOR

María se ha iniciado en el análisis de *big data* y para ello está aprendiendo a usar *Java*. Para lo cual usa el llamado *Word Count*, un programa relativamente sencillo que permite contar palabras de todos los textos con los que se alimenta, independientemente de la cantidad o la fuente.

------------------------------------------------------------

Para introducirnos en las herramientas de análisis de datos tenemos que empezar por explicar qué es un motor de consulta, es decir, una tecnología que permite obtener información rápidamente en una base de datos enorme y de manera rápida. Así es como se hace el procesamiento de datos a gran escala.

En estos lenguajes se realizan comandos de dos tipos, unos permiten crear tablas sobre esos conjuntos de datos, llamados DDL *(Data Definition Lenguage),* y otros hacer operaciones básicas con esas tablas, que son los comandos que se llaman DML y lo que hacen es crear filas, consultar registros, actualizarlos o borrarlos.

Uno de esos lenguajes, quizás el más extendido, es SQL *(Structured Query Language).* A pesar de los intentos que se han hecho para convertirlo en un estándar por parte del Instituto Nacional Estadounidense de Estándares y de Organización Internacional de Normalización, sigue siendo difícil conectar distintas herramientas programadas en SQL, además, muchos de sus desarrollos son propiedad de distintas empresas que no permiten analizar o modificar su código.

## 3.1. *Hadoop*

*Hadoop* es el sistema más usado para desarrollar aplicaciones de *big data.* Es propiedad de *Apache Software Fundation* y es un entorno de programación para *software* que use grandes volúmenes de datos. Es un *software* libre, es decir, permite a cualquier programador modificar, usar o, simplemente, analizar su código, con cualquier finalidad. Usando *Hadoop* se pueden desarrollar aplicaciones con lenguaje *java* que manejen enormes volúmenes de datos y realicen operaciones complejas de análisis.

Vamos a conocer algunas de sus características, empezando por los módulos que lo componen:

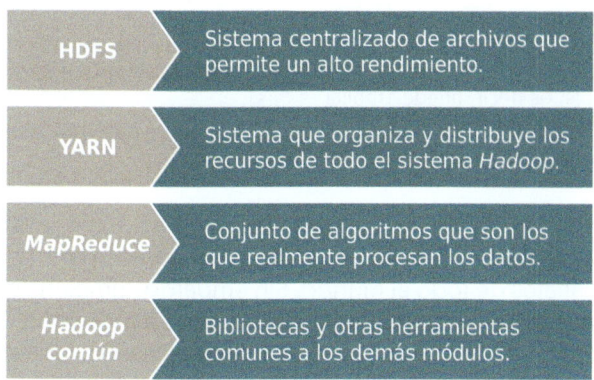

**HDFS** — Sistema centralizado de archivos que permite un alto rendimiento.

**YARN** — Sistema que organiza y distribuye los recursos de todo el sistema *Hadoop.*

**MapReduce** — Conjunto de algoritmos que son los que realmente procesan los datos.

**Hadoop común** — Bibliotecas y otras herramientas comunes a los demás módulos.

La estructura parte de la idea de que, en algún momento, van a producirse fallos, de manera que se incluyen herramientas de solución automática de errores en los códigos de los programas, lo que es una de las mayores fortalezas del sistema. *Hadoop* está preparado para solucionar sus incidencias y recuperar rápidamente los datos.

**NOTA**

Además de la estructura básica formada por los cuatro módulos que hemos visto, hay continuas ampliaciones con otros módulos, aplicaciones, programas, etc. Algunos de ellos son *Apache Zeppelin*, *Apache Spark*, *Presto* o *Apache Hive*.

- - - - - - - - - - - - - - - - - - - - - - - - - - - - - - - - - - -

Este tipo de programas son especialmente útiles para crear aplicaciones relacionadas con el internet de las cosas (IoT) porque se pueden usar para analizar millones de transacciones simultáneamente y detectar patrones.

Los programas basados en *Hadoop* tienen las siguientes **ventajas** e **inconvenientes**:

| Ventajas | Inconvenientes |
|---|---|
| - Capacidad instantánea de procesar muchos datos.<br>- Tolerancia, está preparado para seguir funcionando, aunque haya fallos de *hardware*.<br>- Flexibilidad, no necesita procesar los datos antes de almacenarlos, incluidos los datos sin estructurar.<br>- Gratuito y libre.<br>- Escalable, es decir, puede ampliar enormemente su capacidad simplemente añadiendo módulos. | - No permite hacer tareas analíticas iterativas.<br>- No es eficiente en tareas interactivas.<br>- Es difícil encontrar programadores preparados para trabajar con él.<br>- Hay pocas herramientas de seguridad.<br>- No hay herramientas sencillas de administración o depuración de datos. |

*Hadoop* está orientado a que lo usen grandes organizaciones públicas o empresariales de todo el mundo. Sin embargo, también se puede usar para pequeñas o medianas empresas que gracias a él pueden sacar valor de sus datos a la hora de tomar decisiones estratégicas. El problema para estas empresas es que, muchas veces, desconocen las posibilidades que les ofrecen estas herramientas y que pueden tener problemas a la hora de encontrar personal que pueda gestionarlas.

 **PARA SABER MÁS**

El *software* libre es un movimiento que crea programas informáticos que tienen un código fuente que puede ser estudiado, cambiado o usado libremente con cualquier fin y para hacer cualquier cambio o mejora.

Para saber más sobre este tipo de *software* y el movimiento que tiene detrás, visita la página de la Oficina de *Software* Libre de la Universidad Complutense de Madrid, accediendo desde aquí:

https://redirectoronline.com/coml020401

 **ACTIVIDAD COMPLEMENTARIA**

4. Realiza una búsqueda en internet de empresas u organizaciones que utilicen soluciones basadas en *Hadoop*.

   Identifica dos de esas empresas y busca un enlace web donde se indique que usan *Hadoop*.

## 3.2. *MapReduce*

*MapReduce* es un modelo de programación popular que permite trabajar en paralelo con grandes cantidades de datos. Se puede usar en sistemas de varios ordenadores o en otros *hardwares,* como los que forman parte de vehículos u otros aparatos inteligentes. El nombre del marco es un guiño a las dos funciones críticas en la programación funcional: mapear y reducir. La implementación *Hadoop OpenSource* de *MapReduce* ha sido ampliamente adoptada a nivel mundial, originalmente, encabezada por *Yahoo* y, actualmente, mantenida también por el proyecto *Apache*.

 **SABÍAS QUE...**

Hasta la aparición de *MapReduce* se usaban sistemas que necesitaban introducir los datos en los sistemas informáticos. La novedad de *MapReduce* es que su filosofía consiste en acercar las tareas de procesamiento a donde están los datos, aumentando enormemente el rendimiento de los sistemas. Es muy fácil de escalar porque funciona mediante nodos.

Ejecuta los procesos de manera paralela en varios nodos, por lo que es relativamente lento, pero soluciona muy bien los problemas y fallos, al estar haciendo los cálculos en varios lugares a la vez.

Funciona en dos pasos o subprocesos. El primero de ellos, *Map* (en español se le llama **mapa etapa**) supone organizar los datos y se subdivide en tareas que se llaman *mappers*. Se segmentan o separan en trozos independientes que se procesan en paralelo, agrupando, filtrando, ordenando o ejecutando por separado cada dato.

La principal limitación de *MapReduce* es que hasta que la fase de *Map* no termina no se puede comenzar la fase de reduce. En otras alternativas, como *Spark*, ambas fases son simultáneas.

## 3.3. *Impala*

*Apache Impala* es un sistema de procesado de datos basado en *Hadoop*. Junto con *Hive* es el proyecto más exitoso para realizar consultas de bases de datos. Es un programa de *software* libre que funciona con un modelo de MMP, es decir, *Masive Parallel Processing* o procesamiento masivo en paralelo. Lo que hace *Impala* es separar cada consulta en distintos fragmentos y distribuirlos en nódulos. Funciona en *Linux*.

Es un motor de consulta para bases de datos, de tipo SQL. Se usa para crear consultas interactivas que obtienen resultados con muchísima rapidez.

Para hacernos una idea, el funcionamiento de *Impala* sería el siguiente: tenemos un montón de datos comerciales como productos comprados por clientes, facturación, incidencias, pagos, presupuestos, pedidos, cada uno de ellos con sus fechas, horas clientes, comerciales, trabajadores, etc., que se actualizan constantemente. Son tantos datos y se modifican con tanta rapidez que no somos capaces de hacer hojas de cálculo o crear y diseñar bases de datos que permitan obtener información práctica de estos datos.

Para obtener información útil de ellos podemos usar un sistema *Impala* configurado y podemos lanzar una consulta SQL para conseguir, por ejemplo, los datos de ingresos por cada comercial sin necesidad de crear una tabla, una base de datos o filtrar. Inmediatamente después, podemos obtener los datos de facturación por producto.

## 4. Analítica predictiva: cómo construir un modelo de analítica predictiva en el sector de la automoción

### 👉 HILO CONDUCTOR

María sabe que en su sector ya se están usando modelos de analítica predictiva, especialmente en la parte de producción, donde las grandes empresas la usan para predecir comportamientos defectuosos en equipos y así realizar un mantenimiento preventivo más eficaz. También sabe que se usan en el diseño de piezas para prever las averías, y en las cadenas de montaje para anticiparse a las paradas. De hecho, este es el caso más común de uso de datos en los procesos industriales: predecir defectos en los equipos a partir de datos históricos para evitar su ruptura o parada. Esta es una fuente de ahorro importante en paradas no programadas y en hacer las reparaciones más económicas.

María quiere saber cómo puede aplicar este modelo para aumentar la vida útil de sus máquinas y de las piezas que fabrica, gracias a la monitorización y las alertas en su pequeña empresa.

El análisis predictivo consiste en estudiar conjuntos de datos, usando estadística, matemáticas y algoritmos, para encontrar patrones en esos datos, interpretarlos y tratar de hacer predicciones. Es especialmente útil para prever comportamientos, ventas, evolución del mercado o de un negocio. Se usa para ayudar en la toma de decisiones y para tratar de solucionar problemas. Uno de sus usos más habituales es el de análisis de riesgo, por ejemplo, lo usan las entidades bancarias para decidir si dan un préstamo o no a determinadas personas, según sus comportamientos anteriores.

La analítica predictiva no es algo nuevo, lleva muchos años con nosotros. Pero, actualmente, tenemos muchos más datos disponibles de los que hemos tenido hasta ahora y eso permite tomar mejores decisiones y sobre muchos más aspectos. No podemos olvidar que la calidad de los datos determinará absolutamente la calidad de los análisis y que ninguna herramienta puede sacar conclusiones correctas de unos datos incorrectos, incompletos o incoherentes.

## 4.1. Tipos de modelos de analítica predictiva

Hay dos modelos generales de analítica predictiva: **aprendizaje supervisado** y **aprendizaje no supervisado.**

El primero, aprendizaje supervisado, consiste en crear un algoritmo diseñado para sacar una conclusión concreta de un conjunto de datos de cierto periodo de tiempo. Por ejemplo: ¿va a seguir ese cliente confiando en nuestra empresa En este caso, los datos serían los que nos indican qué clientes han seguido comprándonos a nosotros y cuáles se han marchado, de manera que el algoritmo estudie todos esos datos y saque una conclusión sobre cuándo los clientes son leales y cuándo prefieren a la competencia. Se crean modelos predictivos basados en conjuntos históricos de datos.

El segundo es el aprendizaje supervisado y se trata de crear un algoritmo sin darle instrucciones concretas sobre qué debe buscar, sino simplemente pidiéndole que revise esa información y ordene los datos de acuerdo con sus conclusiones. Están basados en algoritmos muy potentes que buscan similitudes dentro de grandes conjuntos de datos y segmentan u organizan según criterios que no se predefinen. El ejemplo más claro puede ser el de agrupar usuarios de un servicio de *streaming* en función de sus similitudes, en lugar de según criterios demográficos de edad, género, ingresos, etc. Una vez que el algoritmo sabe que el usuario A y B tienen gustos similares, podemos usar esa información para sugerir a B que escuche la misma música que le ha gustado a A.

## 4.2. Tipos de algoritmos usados en analítica predictiva

Hay tres **tipos de algoritmos** que se usan en la analítica predictiva:

- ➲ **Algoritmos de clasificación:** son algoritmos que clasifican según datos anteriores. Puede ser el que decide si un correo electrónico es *spam* o no, según cómo haya clasificado el usuario del *e-mail* otros correos anteriores del mismo remitente. Se usan en modelos de aprendizaje supervisado.
- ➲ **Algoritmos de regresión:** son los que hacen predicciones estadísticas basadas en datos de periodos anteriores, por ejemplo, los que intentan prever la evolución de las ventas de un producto comparándolas con las ventas históricas de ese producto y de otros similares. Se usan en modelos de aprendizaje supervisado.
- ➲ **Algoritmos que crean agrupaciones:** son aquellos que agrupan los datos de acuerdo con patrones que él mismo detecta, son los algoritmos que se usan en aprendizaje no supervisado. Crean los llamados *clúster* o agrupaciones de datos que ordenan, por ejemplo, a los clientes. O pueden, como veremos en el ejemplo siguiente, agrupar las entregas de paquetería, según patrones que no se le han dado con anterioridad, sino que ha encontrado el propio sistema de aprendizaje.

Con estos datos se pueden dar recomendaciones personalizadas sobre cuándo se debe hacer el mantenimiento o las revisiones sin tener que recurrir a datos generales, como el tiempo o el número de kilómetros, que, a veces, suponen hacer más revisiones y mantenimiento del necesario y, en otras ocasiones, suponen que las piezas se rompen antes de que llegue el momento de hacer la revisión.

# 5. Taller III. Optimización de transporte minimizando costes

### ☞ HILO CONDUCTOR

Después de profundizar en el tema, María quiere aprovechar que tiene ciertos conocimientos de programación para desarrollar algún proyecto de optimización para su empresa. Obviamente, tiene que estar adaptado a una pequeña empresa como Vulcanizados M. M. F., pero quiere conocer cómo se realizan estos procesos en grandes empresas.

Optimizar significa mejorar, sacar el mejor rendimiento, es decir, reducir los costes de un proceso sin reducir su calidad, o aumentar su calidad manteniendo los costes, o incluso subir los costes siempre que mejoremos la calidad lo suficiente para que estos sean menores que la subida de valor del producto. Minimizar o reducir los costes del transporte es solamente una de las opciones y siempre debe hacerse manteniendo la calidad.

Los modelos de análisis pueden ayudar a tomar decisiones en este sentido y, de hecho, se están usando mucho en la actualidad para eso. Cada empresa necesitará un modelo concreto, pero hay distintas **estrategias generales** útiles para reducir los gastos de transporte sin que se vea afectado el servicio al cliente:

**Revisar y rediseñar la cadena de suministro**
Intentar saltarse intermediarios que no aporten valor y eliminar procesos que no aporten nada al resultado final.

**Pedir y analizar presupuestos**
Escoger el mejor en todos los sentidos, no solo el más barato, y analizar, después, si los costes reales se ajustan a los presupuestados.

**Hacer seguimiento de la planificación**
Analizar las desviaciones de manera que las siguientes planificaciones tengan en cuenta estas diferencias entre el plan y la realidad.

**Aprovechar al máximo las cargas**
En muchas ocasiones, a un cliente no le importa esperar un día más si el precio del transporte baja un poco, las empresas pueden reducir costes si aprovechan los vehículos al 100 % y reducen el número de viajes.

**Optimizar rutas**
Usar alguna de las herramientas de gestión de rutas que están disponibles en el mercado.

Los **pasos que se deben seguir** para mejorar u optimizar varían en función de la empresa y los procesos que se quieren optimizar. Pero, en general, se puede decir que son los siguientes:

- **Paso 1:** evaluar la situación actual.
- **Paso 2:** identificar posibles cambios.

- **Paso 3:** evaluar y cuantificar el impacto de los posibles cambios.
- **Paso 4:** crear un modelo de optimización.
- **Paso 5:** poner en práctica el modelo.
- **Paso 6:** analizar la repercusión de los cambios.

A continuación, se va a estudiar un caso concreto de una empresa que ha diseñado un proceso de optimización real analizando sus datos y tomando decisiones a partir de ellos.

## 5.1. Caso de estudio: optimización de la logística en SEUR

SEUR es una empresa pionera de paquetería fundada hace más de 75 años. Son líderes del mercado en España con tres líneas de negocio principales: comercio electrónico internacional, trabajo para clientes particulares y para empresas. SEUR cuenta con más de 1,2 millones de clientes y entrega cada día más de 300.000 paquetes con una flota de 4.700 vehículos.

En los últimos años, ha entrado en el sector de la paquetería de frío, desarrollando, posteriormente, un proceso de optimización basado en seis puntos:

- **Evaluar el estado actual.** Identificar dónde hay más demanda, las características de las áreas de concentración de alto orden y si los centros de distribución están en la mejor localización posible. Para ello han usado información histórica sobre recogidas, entregas y centros de distribución. Hace años que sus entregas están geolocalizadas, así que saben con precisión qué y cuánto se entrega.
  Usando modelos de aprendizaje supervisado y algoritmos de regresión han realizado un análisis estadístico clásico, pero con enormes cantidades de datos, que, además, son de entregas reales marcadas por GPS, no por la dirección de entrega ni por los días y horas previstas.
- **Identificar posibles cambios.** Utilizando distintos algoritmos de tipo agrupación de clústeres y modelos de aprendizaje no supervisado han analizado las áreas con altas concentraciones de pedidos para detectar las distancias medias entre entregas y la densidad de estas.
  Al aplicar los algoritmos, surgieron claras agrupaciones como algunas zonas de costa alrededor de Málaga o Alicante, áreas compactas alrededor de las grandes ciudades como Madrid o Valencia y grandes áreas de baja concentración de pedidos.
- **Evaluar y cuantificar el impacto de los cambios en su red actual.** Principalmente, el impacto de aperturas o cierres de centros de distribución y cambios en las áreas de entrega. Lo que hicieron fue simular a lo que ocurriría si se cerrasen los centros de distribución en las áreas con

entregas más dispersas y si se abriesen nuevos centros de distribución en las áreas con una demanda más densa.

Para este paso se usan modelos de aprendizaje supervisado que usan datos históricos y análisis regresivos.

➲ **Crear un modelo de optimización para identificar dónde deben ubicarse los centros de distribución y diseñar su red de transporte (diseño de red de cadena de suministro).** En este caso, se usan modelos de aprendizaje autónomo.

Por último, han hecho un cálculo de áreas óptimas de entrega de cada centro de distribución para poder compararlas con las áreas realmente asignadas actualmente. El resultado de la optimización dio una distancia promedio óptima de 18,23 km/pedido en comparación con los 18,99 km/pedidos que hay en la realidad. Esta diferencia puede parecer pequeña, pero el cálculo es que, si SEUR consigue ajustar sus centros de distribución a este modelo, teniendo en cuenta que cada año entregan cientos de miles de pedidos, esto podría traducirse en un ahorro muy importante en combustible y en un mejor servicio al cliente.

Aquí es donde está la toma de decisiones y se acaba el trabajo de los algoritmos. SEUR usa todos los datos obtenidos y los cálculos de las fases anteriores para modificar su red comercial, pero se trata de decisiones tomadas por personas, no por algoritmos y dónde pueden entrar a jugar un papel otros aspectos no previstos, como el precio del suelo, la disponibilidad de locales, la mano de obra, regulaciones administrativas, imagen de la empresa, etc.

➲ **Poner en práctica el modelo.** Esta es la fase que se está llevando a cabo en este momento. Seguramente no se pueda realizar de la manera ideal que hayan diseñado, incluso después de tener en cuenta los aspectos no previstos por los modelos de análisis predictivo, porque los imprevistos siempre suceden.

Puede ocurrir que, incluso habiendo locales disponibles, no estén en alquiler, y no se puedan cumplir con los requisitos normativos de determinados sitios por cuestiones ajenas a la empresa, o que en un municipio en concreto dónde pretendan abrir un nuevo centro de distribución haya una fuerte competencia imprevista por la apertura de otra empresa, etc. Hay infinitas posibilidades que obliguen a realizar pequeños cambios en la puesta en práctica o que la retrasen.

➲ **Analizar la repercusión de los cambios.** Esta es una fase esencial. Los procesos de optimización son inútiles, o perjudiciales incluso, si no tienen los beneficios obtenidos o estos no superan los gastos del proceso. Una vez llevados a la práctica los cambios y adoptado el modelo previsto, es imprescindible comprobar si se están cumpliendo las previsiones económicas. La diferencia entre las previsiones y la realidad es la llamada desviación. El análisis de las desviaciones permite crear mejores modelos en el futuro y alimentar a los algoritmos con nuevos datos permite que sean más ajustados en sus previsiones futuras.

## APLICACIÓN PRÁCTICA

**María, de Vulcanizados M. M. F., está tratando de mejorar su logística usando todos los datos que ya tiene a su disposición y los que pueda obtener a partir de ahora. ¿Cuál de las siguientes es la estrategia correcta?**

- **Plantear problemas, proponer distintas soluciones y usar los algoritmos en los datos que tiene para probar las diferentes soluciones. Así, los algoritmos le indicarán cuál es la mejor solución posible. Si la lleva a la práctica, los resultados serán automáticos y no habrá necesidad de que haga ningún seguimiento ni análisis de los resultados porque los algoritmos siempre dan la solución correcta.**
- **Evaluar la situación con los datos de que dispone, usando un algoritmo que le indique qué problemas tiene que solucionar. Posteriormente, esos mismos algoritmos le indicarán cómo solucionarlos. Si la lleva a la práctica, los resultados serán automáticos y no habrá necesidad de que haga ningún seguimiento ni análisis de los resultados porque los algoritmos siempre dan la solución correcta.**
- **Analizar los datos para obtener modelos de optimización que le indiquen con qué empresas tiene que contratar, a quién tiene que despedir y qué clientes no son rentables. Aplicar los cambios y analizar su repercusión.**
- **Evaluar la situación actual usando algoritmos con todos los datos disponibles, identificar los cambios en función del análisis, evaluar y calcular el impacto de los posibles cambios con algoritmos, crear un modelo de optimización basado en estas evaluaciones, llevarlo a cabo y analizar la repercusión de los cambios.**

**Solución**

La opción correcta sería la siguiente:

Evaluar la situación actual usando algoritmos con todos los datos disponibles, identificar los cambios en función del análisis, evaluar y calcular el impacto de los posibles cambios con algoritmos, crear un modelo de optimización basado en estas evaluaciones, llevarlo a cabo y analizar la repercusión de los cambios.

Pues los algoritmos solo analizan información y pueden evaluar las posibles opciones de cambio, pero no son infalibles, además hay cambios impredecibles que no se pueden detectar en los datos históricos. Siempre hay que hacer análisis de los cambios, evaluar los resultados y analizar su repercusión.

 **TAREA 4**

Piensa en los posibles beneficios de la optimización de SEUR. El beneficio espe-rado es de 0,76 € por pedido y la empresa entrega medio millón de pedidos anua-les. Sin embargo, cerrar y abrir centros de distribución también tiene un coste.

La optimización indica que hay que cerrar diez centros y abrir otros diez en otras localizaciones. Si el coste de cerrar un centro es de 5.000 € y el de abrir centros nuevos es de 60.000 €, calcula los beneficios esperados de este cambio de modelo y responde a las siguientes preguntas:

1. ¿Se trata de una buena decisión?
2. ¿Cuánto va a tardar la empresa en amortizar los cambios si todo va como está previsto?
3. ¿Qué beneficio puede esperar la empresa en euros?

## 6. Resumen

*Big data* se trata de técnicas informáticas para obtener información de los datos que se obtienen en las empresas, de manera desordenada y en enor-mes cantidades. Esta tecnología, que está aportando grandes avances a muchos sectores, necesita una gran velocidad de procesamiento para sacar conclusiones a tiempo real.

El análisis predictivo es el estudio de sumas de datos mediante técnicas es-tadísticas, matemáticas y algoritmos.

Los procesos de optimización logística, usando análisis predictivos, se rea-lizan a partir de analizar la situación actual, identificar cambios, evaluar el resultado posible de esos cambios, aplicar y analizar el modelo.

El proceso sigue los siguientes pasos:

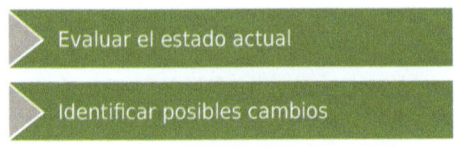

*Continúa en página siguiente >>*

*<< Viene de página anterior*

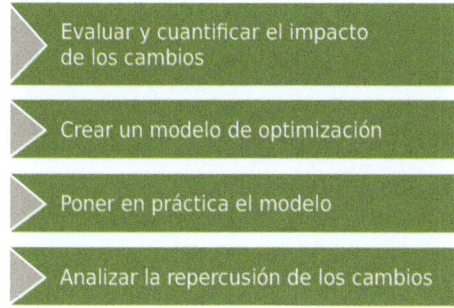

# Ejercicios de autoevaluación
# Unidad de Aprendizaje 4

**1. ¿A qué se llama *big data*?**

a. A analizar la información disponible mediante hojas de cálculo.
b. A analizar grandes cantidades de datos, demasiado grandes como para usar bases de datos.
c. Al análisis estadístico de cantidades medias de datos.
d. Al análisis informático de información de cualquier tamaño.

**2. ¿De qué cantidad de datos se habla cuando se habla de *big data*?**

a. A partir de 30 terabytes
b. A partir de 10 terabytes
c. A partir de 5 terabytes
d. A partir de 60 terabytes

**3. ¿Qué es *Hadoop*?**

a. Un sistema para programar aplicaciones de *big data*.
b. Un sistema para optimizar las cadenas logísticas.
c. Un sistema de optimización de rutas.
d. Un *software* de gestión de datos.

**4. ¿Quién mantiene *Hadoop*?**

a. La empresa propietaria, *Google*
b. Una empresa, *Apache*
c. No lo mantiene nadie, es *software* libre
d. Una fundación sin ánimo de lucro, *Apache*

**5. ¿A qué se llama *software* libre?**

a. A programas que se pueden usar sin pagar.
b. A programas que se pueden usar y estudiar sin necesidad de permisos especiales.

    c. A programas que se pueden distribuir sin necesidad de permisos especiales.

    d. A programas que se pueden usar, estudiar, distribuir y mejorar sin necesidad de permisos especiales.

6. Determina si la siguiente oración es verdadera o falsa: *"MapReduce es un modelo de programación popular que permite trabajar en paralelo con grandes cantidades de datos"*.

    ■ Verdadero
    ■ Falso

7. Determina si la siguiente oración es verdadera o falsa: *"MapReduce es un software que permite trabajar en paralelo con grandes cantidades de datos"*.

    ■ Verdadero
    ■ Falso

8. ¿Qué significa MMP?

    a. *Maps Parallel Processing*
    b. *Maps Program Processing*
    c. *Masive Process Program*
    d. *Masive Parallel Processing*

9. ¿Qué es el análisis predictivo de datos?

    a. Estudiar conjuntos de datos, usando matemáticas básicas, para encontrar patrones en esos datos.

    b. Estudiar conjuntos de datos, usando estadística, matemáticas y algoritmos, para encontrar patrones en esos datos, interpretarlos y tratar de hacer predicciones.

    c. Estudiar conjuntos de datos usando algoritmos, para encontrar respuestas a preguntas concretas.

    d. Estudiar conjuntos de datos de cualquier manera para encontrar patrones.

10. **Ordena cronológicamente los pasos a seguir en los procesos de optimización logísticos:**

   * Crear un modelo de optimización.
   * Evaluar la situación actual.
   * Analizar la repercusión de los cambios.
   * Evaluar y cuantificar el impacto de los posibles cambios.
   * Identificar posibles cambios.
   * Poner en práctica el modelo.

# Innovación tecnológica aplicada a la Logística 4.0

## Contenido

## Objetivos

El objetivo general de esta Unidad de Aprendizaje es:

→ Utilizar tecnologías 4.0 relacionadas con la logística, así como sistemas de gestión, los modelos de referencia para la planificación de procesos integrada, *Sales & Operation Planning (S&OP)* y las tecnologías de planificación integrada.

Los objetivos específicos de esta Unidad de Aprendizaje son:

→ Realizar análisis de variables para la optimización logística.

→ Analizar las nuevas tecnologías aplicables a la Logística 4.0.

→ Estudiar los criterios de selección de tecnología adecuada a los procesos de la organización en el entorno de la Industria 4.0.

→ Identificar las características que se deben tener en cuenta a la hora de trabajar con los datos recopilados usando el *big data*.

→ Identificar las ventajas empresariales que tiene el uso de vehículos AGV en los procesos logísticos.

# 1. Introducción

La logística se ha convertido en un proceso esencial dentro del ámbito empresarial. Como el resto de los sectores, ha ido evolucionando para adecuarse a las necesidades de la sociedad, siendo en estas últimas décadas cuando ha incorporado algunas mejoras significativas que han provocado cambios importantes en el sector. Estos cambios han provocado la aparición de nuevas oportunidades y mejoras tales como la eficiencia, la rapidez y la integración con otros sistemas de gestión.

Una característica que ha traído esta evolución ha sido la optimización y el control de los procesos logísticos que ha beneficiado en la cadena logística tanto a las empresas como a los consumidores finales.

Además, el sector ha integrado el cuidado del medioambiente, por lo que se han implantado soluciones más limpias y eficientes, adecuándose a las exigencias de los consumidores que cada vez son más exigentes con su cumplimiento a lo largo de toda la cadena logística.

En esta unidad ayudaremos a María a plantearse distintas opciones para comenzar el proceso de innovación de su empresa Vulcanizados M. M. F. A lo largo de la unidad María analizará distintas opciones que le ayudarán en su estrategia logística.

# 2. Introducción al *Big Data*

### ☞ HILO CONDUCTOR

María ha comprobado que el uso del *big data* puede ayudarle en su empresa, siempre y cuando sea capaz de analizar y gestionar adecuadamente los datos. Tras entender qué es y cómo funciona el *big data,* se ha dado cuenta de que hay muchas personas que creen que lo utilizan cuando gestionan los datos de sus clientes. María recordará qué aspectos se deben tener en cuenta para afirmar que se utiliza el *big data* y los cuidados que debe incorporar en la gestión de datos para no incumplir la legalidad vigente.

Como hemos visto en la unidad anterior, el *big data* guarda relación con la manera de gestionar una gran cantidad de datos para, posteriormente, tomar decisiones. Debemos recordar que para considerar que en la gestión de los datos se usa el *big data,* debe cumplir con las denominadas **tres V:**

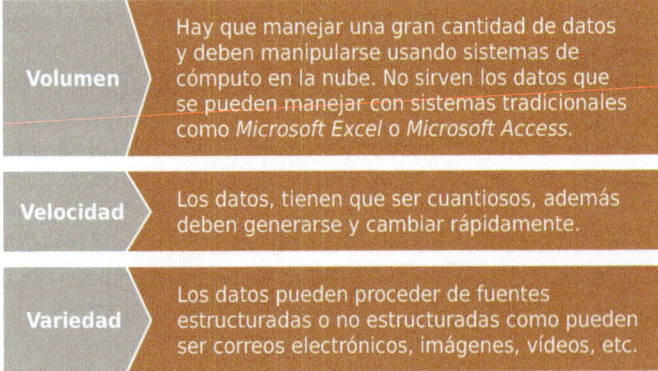

| Volumen | Hay que manejar una gran cantidad de datos y deben manipularse usando sistemas de cómputo en la nube. No sirven los datos que se pueden manejar con sistemas tradicionales como *Microsoft Excel* o *Microsoft Access.* |
| --- | --- |
| Velocidad | Los datos, tienen que ser cuantiosos, además deben generarse y cambiar rápidamente. |
| Variedad | Los datos pueden proceder de fuentes estructuradas o no estructuradas como pueden ser correos electrónicos, imágenes, vídeos, etc. |

Una vez adquiridos todos los datos, se deben modelizar para realizar el análisis correctamente. Este proceso se conoce como ETL (Extracción, Transformación y Carga [*load,* en inglés]).

Un análisis correcto de los datos tratados usando el *big data* en las empresas va a permitirles:

Los datos y el *big data* van de la mano, no pudiendo entenderlos por separado. Aunque el almacenamiento y el tratamiento de los datos está regulado legalmente, no podemos perder de vista que hay personas y entidades que utilizan este mercado de datos para obtener los datos personales de forma ilícita, por lo que es necesario establecer en las empresas un código ético que regule este tratamiento.

Un ejemplo del mal uso de los datos personales fue el llevado a cabo por *Cambridge Analytics,* mediante el cual se filtraron los datos personales de cerca de 2,7 millones de usuarios europeos de *Facebook.*

**SABÍAS QUE...**

Existen en internet herramientas como https://haveibeenpwned.com, que te indican si tu cuenta de correo aparece en alguna brecha de datos en la que se venden los datos personales.

El *big data,* al manejar una gran cantidad de datos, también provoca que algunas compañías mercadeen con los datos vendiéndolos al mejor postor. Este problema obliga al diseño de unos controles que garanticen que la información sea accesible, coherente y confidencial para garantizar la seguridad de estos.

Para lo cual, las empresas utilizan lo que se ha denominado *Data Quality,* que consiste en proteger los datos sensibles que se almacenan en una base de datos, protegiendo los datos y la privacidad del usuario.

 **VÍDEO**

Puedes acceder a un análisis sobre la importancia de los datos y su privacidad en el evento *Big data Talent Virtual.* Para ello accede desde aquí:

https://redirectoronline.com/coml020501

# 3. Evolución tecnologías Industria 4. 0.

## ☞ HILO CONDUCTOR

María quiere saber cómo ha sido la evolución de la industria y los procesos industriales desde sus inicios hasta la actualidad. Descubrirá que la evolución sigue presente en el sector industrial con la incorporación de las nuevas tecnologías, provocando el nacimiento de la denominada Industria 5. 0.

La industria, al igual que el resto de los sectores, ha ido creciendo, incorporando la tecnología y la informática en el desarrollo de sus procesos. Esto le ha permitido crecer y mejorar su competitividad gracias, en gran medida, a la posibilidad de medir y analizar sus procesos.

Todas las empresas se enfrentan al reto de la rentabilidad de las mismas, por lo que la incorporación del análisis de los datos generados por sus procesos les va a permitir analizar el funcionamiento y la idoneidad de estos, sin perder de vista que el factor humano también se mide y se evalúa para conocer, entre otros aspectos, si la interacción de este con el factor tecnológico es el más apropiado.

En los últimos años, muchas empresas se replantearon y adaptaron sus métodos de trabajo a esta realidad. Este contexto provocó la denominada **Industria 5. 0,** que se centra en los procesos, en las personas y en el entorno en el que se desenvuelven.

##  SABÍAS QUE...

El término Industria 5. 0 lo acuñó la Comisión Europea a principios del año 2021, para tratar de reenfocar el sector industrial hacia un modelo productivo en el que se incorporase la tecnología y que generase un impacto positivo en la sociedad.

La Revolución Industrial 5. 0 podemos definirla a través de las siguientes **características:**

-  **Productos personalizados.** Actualmente, en el mercado conviven una gran cantidad de productos por lo que la Industria 5. 0 se encargará de personalizarlos a las necesidades de los clientes.
- **Cobots.** Los robots colaborativos *(cobots)* serán los encargados de desarrollar los productos de la mano de la ingeniería humana. Se espera que sean una pieza fundamental en la denominada Industria 5. 0.
- **Delegación de tareas.** Aquellas tareas peligrosas, rutinarias, o repetitivas se encargarán a las máquinas, dejando a las personas que ejecuten las tareas que necesiten usar el pensamiento racional.
- **Rapidez y calidad.** La cadena de suministro será más rápida gracias a la colaboración entre robots y humanos, de manera que se aumentará la calidad de los productos.
- **Cuidado medioambiental.** El cuidado al medioambiente se ha incorporado a todos los procesos, lo que ha provocado que la reducción de las emisiones de residuos y las energías renovables sean dos condiciones en las que todas las empresas han de incidir en sus procesos para ser tenidas en cuenta por los consumidores y usuarios.

## PARA SABER MÁS

Puedes ampliar la información acerca de la Industria 5. 0, objetivos, diferencias y pilares fundamentales de la nueva era industrial, en el blog de Ibernova. Para ello accede desde aquí:

https://redirectoronline.com/coml020502

 **APLICACIÓN PRÁCTICA**

**Nicolás tiene que realizar una presentación en la que explique las características de cada una de las revoluciones industriales. Una vez que ha preparado el esquema que seguirá en la presentación, le surge una duda.**

**¿En qué revolución industrial se produjo la introducción de la informática en las empresas?**

**Solución**

No es hasta finales de 1950 cuando se incorporan en las empresas las nuevas tecnologías (principalmente informáticas) y los *softwares* de automatización. Estas fechas corresponden a la Tercera Revolución Industrial.

- - - - - - - - - - - - - - - - - - - - - - - - - - - - - - - - - - - - - - - -

# 4. Planificación avanzada en operaciones logísticas

👉 **HILO CONDUCTOR**

María es conocedora de la importancia que tiene la planificación en el sector, sobre todo cuando estas tareas logísticas influyen en otros procesos logísticos de la propia empresa o de otras, por lo que quiere conocer un poco más a fondo la manera de planificar las operaciones para tratar de garantizar que la cadena logística no sufre retrasos.

- - - - - - - - - - - - - - - - - - - - - - - - - - - - - - - - - - - - - - - -

Un pilar de las operaciones logísticas es la planificación. Un fallo en la planificación logística puede provocar que la cadena de producción se pare, que los clientes no reciban sus mercancías, etc.

Además, la logística debe ser eficaz para garantizar que las empresas sean competitivas satisfaciendo tanto las demandas propias como las expectativas de los propios consumidores. Para ello, deben funcionar correctamente los departamentos de ventas y logística para asegurar la actividad comercial de la empresa.

Los principales **beneficios** que ofrece una adecuada planificación logística son:

⮑ **Mejorar la experiencia del cliente.** La planificación logística ayuda a mejorar los procesos logísticos agregando un valor añadido a la experiencia del cliente y a la reputación de la empresa.
⮑ **Optimización de los costos operativos.** El análisis de los datos históricos permitirá establecer las rutas óptimas que reduzcan los costes y mejoren la eficiencia de la empresa.
⮑ **Impulsar la rentabilidad.** Al tener una visión general de los procesos, gracias al uso de las nuevas tecnologías, se puede controlar el sincronismo de todas las etapas que componen la cadena logística.
⮑ **Mejores operaciones intermodales.** Las operaciones intermodales y la colaboración entre empresas logísticas ayudan a reducir los costes y a desarrollar operaciones más seguras, además de incorporar estrategias medioambientales.
⮑ **Mayor productividad y eficiencia en la entrega.** La logística debe enfocarse en optimizar los procesos, para lo cual debe cumplir los estándares de calidad, reducir los errores y tratar de garantizar que la entrega se lleva a cabo en plazo y en la forma establecida con el cliente, respetando las normas viales en el caso de que se utilicen vehículos de transporte.
⮑ **Planificación inteligente de rutas.** La planificación inteligente de rutas calcula las más eficientes, evitando atascos de tráfico, controlando vehículos y conductores, reduciendo los kilómetros vacíos y aumentando la efectividad de los repartos.

La cadena de suministro también trabaja en la incorporación de nuevas tecnologías y herramientas que mejoran la eficiencia logística, redundan en un beneficio para empresas y particulares que ven cómo las empresas logísticas luchan por mejorar y certificar sus procedimientos como forma de sobresalir con respecto del resto de empresas del sector.

## 4.1. Herramientas para la planificación

Para lograr la eficiencia y la precisión a la hora de planificar y programar la logística de una empresa, esta se apoya en diferentes herramientas que, aunque no hacen la totalidad del trabajo, sí que son de gran ayuda, puesto que maximizan la eficiencia y la productividad empresarial.

Algunas **claves** que deben tenerse en cuenta a la hora de seleccionar una herramienta de ayuda para la gestión logística son:

- **Predicción.** La predicción se ha convertido en una herramienta básica en la planificación y la programación de la logística, lo que permite tomar decisiones eficientes, y optimizar las operaciones, reducir costes y evitar el exceso o falta de recursos, además de adecuar los recursos a las necesidades y expectativas de clientes.
- **Simulación.** La simulación permite evaluar diferentes escenarios para tomar decisiones, identificar cuellos de botella y optimizar procesos antes de implantarlos realmente.
  La simulación utiliza modelos matemáticos que permiten simular distintas situaciones para evaluar si los cambios producen los resultados deseados y si estos se ajustan a las necesidades empresariales, o si hay que incorporar equipos nuevos, personal, etc.
- **Optimización.** La optimización de procesos permite a las empresas reducir los costes, gracias a la reducción de recursos y pérdidas de tiempo, lo que redunda en un aumento de la satisfacción del cliente.
- **Monitorización.** La monitorización se ha convertido en un aspecto esencial en la logística que permite a las empresas controlar sus operaciones en tiempo real y detectar problemas o retrasos en las operaciones, permitiéndoles tomar decisiones inmediatas para resolver estos problemas. Mediante la monitorización se pueden establecer patrones y tendencias que, posteriormente, se usaran para realizar ajustes y mejoras en los procesos logísticos.
- **Replanificación.** Por mucho que se planifiquen las acciones que se llevan a cabo en la logística, los imprevistos siempre pueden aparecer, lo que obliga a las empresas a replantearse las acciones, de forma que se agilicen y se flexibilicen estas operaciones y minimizar, así, los retrasos, los costes y evitar problemas con los clientes.

## ⊕ PARA SABER MÁS

Puedes analizar los indicadores logísticos clave para conseguir la eficiencia y la efectividad en la cadena de suministro. Para ello accede desde aquí:

*Continúa en página siguiente >>*

*<< Viene de página anterior*

https://redirectoronline.com/coml020503

---

 **ACTIVIDAD COMPLEMENTARIA**

5. Realiza una comparativa en la que se recojan las diferencias existentes entre la Industria 4. 0 y la 5. 0.

---

## 5. Tecnología para la automatización

 **HILO CONDUCTOR**

Un comercial de una empresa de suministros industriales ha visitado a María para ofrecerle diferentes equipos para la empresa Vulcanizados M. M. F., pero, antes de implementar estos cambios y realizar la inversión económica correspondiente, María quiere analizar los elementos que incorporan y sobre todo las ventajas e inconvenientes que tienen estas nuevas tecnologías para su empresa.

---

Cuando nos referimos a la **automatización industrial** pensamos en el uso de autómatas programables, robots y equipos que controlan los procesos productivos, eliminando la mano de obra de los trabajadores y sustituyéndola por equipos que llevan a cabo las mismas operaciones, pero automatizadas.

 **DEFINICIÓN**

**Automatización**
Evolución de la mecanización industrial que incorpora dispositivos de control para conseguir procesos productivos eficientes. La incorporación de la automatización a los procesos productivos es el origen de la denominada Industria 4. 0.

Para el control de la automatización hay que tener en cuenta las variables del proceso como la temperatura, posición, presión o flujos, entre otras, de manera que controladas y procesadas de forma conjunta indican a los distintos elementos de control cómo deben actuar en cada uno de los pasos que conforman el proceso productivo.

Habitualmente, en los procesos de automatización se establecen tres **niveles de funcionamiento:**

| | |
|---|---|
| **Programas** | Son aplicaciones instaladas en un ordenador encargado de parametrizar y visualizar el proceso productivo. Habitualmente, esta parametrización suele ser compartida con otros equipos usando el protocolo *Ethernet.* |
| **Controladores** | Dentro de este nivel se encuentran los controladores lógicos programables (PLC), que ejecutan los procesos en el orden indicado para lograr que la automatización sea la diseñada. Estos controladores se basan en un sistema de entradas y salidas pudiendo interconectarse entre ellos para aumentar sus capacidades. |
| **Sensores** | Son equipos terminales que se encuentran en la zona de fabricación del proceso. Son los encargados de trasmitir los datos a los controladores para que estos procesen la información y establezcan el comportamiento del resto de equipos. |

Además, debemos establecer diferentes sistemas y protocolos de seguridad que garanticen la seguridad empresarial ante un ciberataque que pueda provocar cambios indeseados en los procesos productivos.

## 5.1. Cambios en los procesos productivos

La industria se enfrenta a un panorama empresarial muy competitivo y es por ello por lo que ya se habla de la Industria 5. 0, lo que provoca que se deban actualizar constantemente los procesos, de forma que se integren la eficiencia energética y la seguridad de los procesos, junto con la reducción de costes, obligándoles a incorporar sistemas de control y automatización de los procesos productivos.

Todo cambio en los procesos productivos incorpora a los mismos una serie de ventajas e inconvenientes:

➲ **Ventajas:**

◉ **Aumento de la productividad** debido al trabajo durante largos periodos de tiempo sin perder precisión en el trabajo desarrollado, aumentando la eficiencia a lo largo de las horas trabajadas.

◉ **Mejora de la calidad del producto** debido a que se reduce la tasa de unidades defectuosas, puesto que la automatización esta monitorizada en todas las etapas por las que pasa el producto.

◉ **Ahorro en la mano de obra** al incorporar maquinaria en los procesos, se reduce la mano de obra humana produciendo un ahorro en costes y en salarios. Debemos tener en cuenta que los equipos automáticos tienen la posibilidad de funcionar 24 horas los 7 días de la semana sin parar.

◉ **Mejora de la seguridad** al tener la posibilidad de que las máquinas trabajen en entornos inseguros o insalubres para las personas, porque son tareas repetitivas o porque se deben mover cargas pesadas.

◉ **Monitorización remota** que permite supervisar los procesos sin la necesidad de estar presentes en la ubicación de la máquina, pudiendo controlar, desde un único puesto, todo el proceso y todas las máquinas que intervengan en el mismo.

➲ **Inconvenientes:**

◉ **Pérdida de empleo** al reducirse la necesidad de mano de obra humana.

◉ **Aumento de la contaminación** ya que estas máquinas necesitan aceites y otros elementos que pueden ser contaminantes para el medio ambiente.

◉ **Menor versatilidad** puesto que las máquinas solamente pueden llevar a cabo una única tarea. No hay que olvidar que no se pueden automatizar todas las tareas y que no puede utilizarse en todos los procesos.

◑ **Costes elevados** al implementar un sistema de automatización, hay que tener en cuenta los costes de mantenimiento y los de adaptación de las personas a esta maquinaria.

 **RECUERDA**

La Industria 5. 0 consiste en integrar las máquinas con las personas en el proceso productivo empresarial, para crear espacios de trabajo más eficientes y productivos.

## 5.2. Tendencias actuales

Es sabido que la tecnología es un elemento cambiante y en constante evolución, por lo que entre las **tendencias actuales** podemos destacar:

- ➲ **La automatización industrial.** Las nuevas tecnologías han provocado que la automatización sea más accesible para los fabricantes consiguiendo de esta manera la denominada "automatización para todos", la cual es posible gracias los robots y a los cambios en las distintas tecnologías que, actualmente, son más sencillas de utilizar, además de permitir el trabajo entre personas y máquinas.
- ➲ **Aumento de la automatización.** En los últimos tiempos, muchas empresas han modificado su estrategia de automatización para ser más eficientes, centrándose sobre todo en la actualización de las infraestructuras, permitiendo el control y supervisión de los procesos a distancia, sin perder de vista la eficiencia de los procesos.
- ➲ **Incorporación de la robótica móvil.** La robótica está haciendo que una gran cantidad de empresas que, antiguamente, no podían acceder a la automatización industrial, principalmente por sus altos costes, ahora lo puedan hacer.
- ➲ **Aumento de la automatización en IT.** Los flujos de trabajo se han tratado de homogenizar, pero, debido a las infraestructuras, no se ha conseguido implantar un sistema que lo consiga, principalmente debido a que cada automatización está enfocada para un sector específico y para un proceso concreto.
- ➲ **Crecimiento de la automatización colaborativa.** La colaboración entre persona y máquinas va a ser fundamental en un futuro no muy lejano. Podemos pensar que las máquinas van a sustituir a las personas, pero no

se debe olvidar que para programar una máquina siempre será necesario un humano que decida el proceso que debe llevar a cabo.

➲ *Picking* **automatizado.** Es el uso más habitual de los robots, se utilizan en la automatización de almacenes para mejorar los tiempos de respuesta y la eficiencia del almacén.

➲ **Incorporación del IoT.** La incorporación de las nuevas tecnologías empuja a los fabricantes a modificar las instalaciones y tratar de convertirlas en inteligentes.

Mediante la incorporación de sensores se consigue mejorar la eficiencia, además de detectar posibles problemas antes de que sucedan para tener una posible solución, de manera que no se vea afectada la productividad empresarial.

 **TAREA 5**

Martín no tiene dudas acerca de que el futuro pasa por integrar el *big data* en todos los aspectos empresariales. Se ha parado a pensar que quizás deban tener en cuenta algunos aspectos para que esta recopilación de datos se lleve a cabo de forma correcta.

¿Puedes ayudarle identificando algunas características que se deben tener en cuenta al usar esta tecnología?

---------------------------------------------

# 6. Taller de simulación en procesos logísticos

 **HILO CONDUCTOR**

María no tiene claro que le convenga llevar a cabo una inversión tan grande como pretende el comercial, por lo que, hablando con el gerente de una empresa proveedora, este le comenta la posibilidad de realizar una simulación de los cambios que se producirían al implementar esas nuevas tecnologías.

A María le parece una buena opción, por lo que contacta con una empresa para que lleve a cabo esta simulación y poder valorar más objetivamente la necesidad o no de dichos cambios.

---------------------------------------------

La simulación de los procesos logísticos permite a las empresas evaluar y analizar sus sistemas con el fin de realizar los ajustes necesarios para optimizarlos. Mediante la representación de las fases de la cadena de suministro por las que pasa un producto desde la fabricación hasta su puesta a disposición del cliente final.

La simulación logística requiere la introducción de una cantidad importante de datos, más parecida a la situación real. Estas simulaciones, basadas en criterios objetivos, analizarán si el proceso de trabajo se adecúa a la realidad y a las necesidades de la empresa y del proceso de trabajo.

**Factores analizados en la simulación**
- Diseño y dimensionado de almacenes logísticos.
- Análisis del flujo del transporte interno.
- Evaluación de los procesos de preparación de pedidos *(picking)*.
- Organización, planificación y optimización de los procesos industriales.
- Distribución de las zonas de almacenaje.
- Utilización óptima de los recursos (maquinaria, mano de obra, transporte).
- Análisis de *stocks* e inventarios.
- Detección de cuellos de botella.
- Respuesta a posibles variaciones de demanda y otros tipos de imprevistos.

 **IMPORTANTE**

No hay que perder de vista que en una simulación los datos obtenidos no son exactos, ya que no se pueden incorporar la totalidad de las variantes que intervienen en un proceso logístico.

 **PARA SABER MÁS**

Puedes consultarla publicación de Juan Ezequiel Benítez Alarcón en la que te muestra distintas herramientas de simulación para la logística. Para ello accede desde aquí:

*Continúa en página siguiente >>*

*<< Viene de página anterior*

https://redirectoronline.com/coml020504

## 6.1. Tipos de simuladores logísticos

Entre los **tipos** de simuladores logísticos podemos encontrar:

- **De eventos únicos.** Estos simuladores crean sistemas en los que el evento se produce en un momento específico, como puede ser el paso de una caja por un punto específico. Este tipo de evento es muy usado en procesos de almacenamiento.
- **Continuos.** Estos simuladores tienen en cuenta que el evento se produce continuamente, como, por ejemplo, el flujo de materiales en una cadena de montaje. Este tipo de eventos se utiliza en procesos de transporte y distribución.
- **De transporte.** Se centran en la modelización de sistemas de transporte como carreteras y vehículos. Ayudan a las empresas a reducir los costes y mejorar su rentabilidad.
- **De inventario.** Si lo que se pretende es analizar los niveles de inventarios y la programación de la producción, se debe utilizar este sistema. Este sistema ayuda a las empresas a reducir los costes de los productos almacenados.
- **De capacidad.** Se utilizan para evaluar la capacidad de los sistemas logísticos y de la cadena logística ayudando a identificar los cuellos de botella y los posibles problemas de almacenamiento del sistema.

Los procesos necesitan de indicadores que ayuden a evaluar el rendimiento y la idoneidad de las medidas tomadas. Dependiendo del tipo de simulación y las funcionalidades del simulador, los **indicadores** pueden variar. Entre los más habituales encontramos:

- **Financieros.** Pueden medir y analizar los costes asociados a los procesos logísticos como transporte, almacenamiento y distribución.

- **Plazos de entrega.** Sirven para medir los plazos de entrega desde el proveedor hasta el cliente final para la mejora y reducción de los plazos de entrega.
- **Inventario.** Mediante el análisis del nivel de inventario las empresas pueden optimizarlo y reducir la cantidad de material inmovilizado en el mismo reduciendo los costes.
- **Capacidad.** Pueden identificar y ayudar a solucionar los cuellos de botella que se produzcan en los sistemas logísticos.
- **Recursos.** Mediante el análisis de los indicadores de calidad del sistema logístico se pueden establecer el uso óptimo de los recursos.
- **Calidad.** Mediante los porcentajes de productos defectuosos o tasas de devolución se pueden conocer los puntos que provocan una disminución de la calidad y directamente de la satisfacción del cliente.
- **Rendimiento.** Dentro de este apartado destacan la productividad y la eficiencia como elementos que influyen directamente en la rentabilidad empresarial.
- **Impacto medioambiental.** No podemos pensar en un sistema logístico que no tiene en cuenta la emisión de gases de efecto invernadero, el consumo de energía o el cuidado del medioambiente. Cada vez son más los clientes y usuarios preocupados por el medioambiente y que prefieren empresas responsables.

 **EJEMPLO**

Puedes descargar un ejemplo de un modelo de simulación y optimización logística accediendo desde aquí:

https://redirectoronline.com/coml020505

**ACTIVIDAD COMPLEMENTARIA**

6. Investiga en fuentes externas acerca de los elementos que conforman un sistema de automatización industrial.

---

## 6.2. Etapas

Un proyecto de simulación pasa por distintas **etapas,** entre las que podemos establecer:

1. **Enunciado del problema.** Las simulaciones comienzan identificando el problema que se debe solucionar. Este puede cambiar conforme avanza la simulación, puesto que no se había establecido correctamente al inicio.
2. **Planteamiento y planificación de objetivos y métodos.** Los objetivos identifican lo que se pretende conseguir con la simulación, por lo que deben tener en cuenta la mayor cantidad de escenarios posibles que se puedan dar.
   Para el establecimiento de los métodos se deben tener en cuenta el tiempo que se quiere invertir y el personal que se va a destinar a su consecución.
3. **Diseño del modelo,** extrapolando los datos a un sistema lógico en el que se recojan la estructura y los elementos que conforman el sistema.
   Es recomendable comenzar por un modelo sencillo y, posteriormente, incorporar las distintas opciones, teniendo en cuenta que, si vamos añadiendo complejidad al sistema, iremos incrementando el coste de este. En esta etapa el cliente debe estar implicado para que el diseño y la calidad del resultado sea correcta.
4. **Toma de datos.** Una vez que se ha realizado el planteamiento y el diseño del modelo se deben establecer los datos que se van a analizar y la manera en la que se van a recoger.
5. **Elaboración de la simulación** mediante el volcado de los datos recogidos en la etapa anterior en el programa de simulación.
6. **Verificación y revisión del modelo** para tratar de localizar, si hubiese, algún dato incorrecto o mal introducido en la aplicación.
7. **Validación del modelo** para establecer el modelo más adecuado, el que más se acerca a la realidad y comparar los datos de la simulación con los reales.
8. **Diseño de los experimentos** para cada escenario filtrado teniendo en cuenta las distintas características que se han incorporado a los mismos.

Entre otros, encontramos la duración de la simulación, el número de simulaciones y los parámetros que se analizarán.

9. **Realización de la simulación y análisis de datos** para extraer las conclusiones que permitan alcanzar los objetivos del proyecto.

10. **Repetir la simulación.** En caso de que los datos extraídos no sean coherentes o suficientes para alcanzar los objetivos del proyecto.

11. **Informes y documentación.** Deben contener los resultados de manera clara y concisa, de forma que el cliente las entienda y pueda analizar los resultados obtenidos, además de entender el planteamiento del problema, los datos de partida y los distintos escenarios planteados, lo que le permitirá comparar distintas alternativas y estudiar las recomendaciones realizadas por el analista que ha llevado a cabo el proceso.

12. **Implementación** de las medidas establecidas correspondientes al escenario elegido de la simulación.

Uno de los sistemas más empleados para simulación logística es el denominado Gemelos Digitales o *Digital Twins,* que consiste en representar virtualmente los elementos que intervienen en un proceso para poder analizar su funcionamiento e interacción con el resto de la cadena logística.

 **VÍDEO**

Puedes ver un vídeo que resume lo que son y el uso que pueden tener los Gemelos Digitales en la industria. Para ello accede desde aquí:

https://redirectoronline.com/coml020513

## APLICACIÓN PRÁCTICA

Imanol está realizando una ficha en la que se recogen las distintas etapas que implementa un programa informático de simulación de procesos. Ha establecido cuatro, pero, al enseñarle la ficha a una compañera de trabajo, le ha dicho que una de las etapas no es correcta.

¿Puedes indicarle la etapa que no lleva a cabo un programa informático de simulación de procesos?

**Solución**

Los programas informáticos no llevan a cabo la implantación. Esta deben realizarla personas. Los programas informáticos modelizan, simulan y visualizan los cambios.

---

# 7. Uso de AGV en la industria para el movimiento de cargas

## HILO CONDUCTOR

María ha asistido a unas jornadas organizadas por la federación de empresarios de su localidad en la que se han presentado los vehículos autoguiados y, aunque su empresa no es muy grande, sí que debe mover cargas pesadas, por lo que quiere conocer cómo pueden ayudarle este tipo de vehículos en su empresa para mejorar la calidad del trabajo de sus empleados.

---

Los vehículos AGV (*Automatic Guided Vehicle*) son vehículos autoguiados que se mueven de manera autónoma en un recinto logístico sin necesidad de conductor y que están diseñados para realizar movimientos con cargas de forma repetitiva, evitando la colisión con el resto de los elementos que les rodean, además de aumentar la productividad y la eficacia de sus procesos y la seguridad de los trabajadores.

Estos vehículos, habitualmente, son controlados por un sistema de gestión de tráfico y movimiento de cargas, lo que permite optimizar los tiempos y los ritmos de trabajo. ¿Cuánto tiempo se pierde cada vez que un operario tiene que ir a buscar una pieza a su ubicación personalmente? Mediante el uso de estos vehículos el operario no se mueve de su puesto de trabajo y es el vehículo el que en el momento que necesita la pieza se la entrega.

 **EJEMPLO**

Puedes consultar un artículo en el que se muestran distintas aplicaciones de los vehículos AGV autoguiados. Para ello puedes acceder desde aquí:

https://redirectoronline.com/coml020507

## 7.1. Tipos de AGV

Los **tipos de vehículos de guiado automático autónomos** son similares a los vehículos auxiliares operados por personas, entre ellos encontramos:

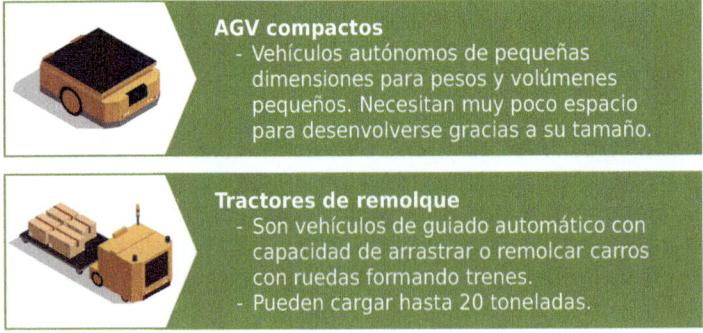

**AGV compactos**
- Vehículos autónomos de pequeñas dimensiones para pesos y volúmenes pequeños. Necesitan muy poco espacio para desenvolverse gracias a su tamaño.

**Tractores de remolque**
- Son vehículos de guiado automático con capacidad de arrastrar o remolcar carros con ruedas formando trenes.
- Pueden cargar hasta 20 toneladas.

*Continúa en página siguiente >>*

*<< Viene de página anterior*

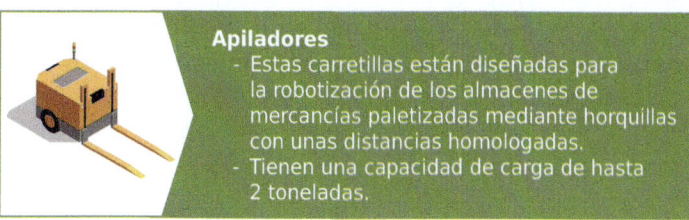

**Apiladores**
- Estas carretillas están diseñadas para la robotización de los almacenes de mercancías paletizadas mediante horquillas con unas distancias homologadas.
- Tienen una capacidad de carga de hasta 2 toneladas.

Para que estos vehículos se desplacen de manera autónoma, necesitan que se les asignen las rutas por las que deben moverse. Estas rutas se identifican mediante distintos **sistemas** entre los que se encuentran:

- **RFID.** Este sistema utiliza la radiofrecuencia colocando etiquetas a lo largo del área por el que se puede mover el vehículo. El vehículo tiene que ir equipado con una antena capaz de leer la información de las etiquetas para funcionar correctamente y no chocar con los elementos.
- **Láser por reflectores.** En este caso, el AGV incorpora un láser que, mediante los reflectores instalados a lo largo de la superficie en la que se debe desenvolver, el propio vehículo calcula las zonas por las que puede moverse.
- **Magnético.** El AGV determina su ubicación a través de una cinta magnética situada en el suelo.
- **Filoguiado.** Este sistema es el más antiguo. El vehículo se traslada mediante un hilo conductor embutido en el suelo a través de una ranura al que está conectado el AGV.
- **Código de barras o DataMatrix.** Se posicionan en el suelo un conjunto de códigos de barras que el AGV debe ser capaz de leer. Este tipo de vehículos necesitan estar equipados con una cámara inferior que les permita realizar la lectura de estos códigos de barras.
- **Cinta reflexiva.** El vehículo reconoce las distintas intensidades de luz que se reflejan sobre una cinta reflexiva que se pega al suelo. Estas cintas pueden ser de distintos colores para favorecer la lectura y el contraste y, así, evitar errores de funcionamiento.
- **Guía infrarroja.** El AGV se desplaza mediante una tira de espejo que provoca que el vehículo se desplace según los reflejos de esta.
- **Navegación inercial.** En este sistema se utilizan sensores de movimiento que ayudan a la rotación del vehículo.
- **Guía óptica.** Mediante el uso de partículas fluorescentes sobre el suelo se establece el trayecto que debe seguir el AGV. El vehículo, mediante sus fotosensores, es capaz de identificar la trayectoria que debe seguir.
- **Por cable.** El vehículo sigue la trayectoria que le indica un cable energizado sito en el suelo por medio de las señales que capta con su antena.

⊃ **Escaner LIDAR.** *Light Detection and Ranging* se utiliza para mapear el entorno en el que se tiene que desenvolver el AGV. El sensor permite conocer las dimensiones de los objetos que rodean al robot gracias al empleo de un láser que, mediante el rebote del haz de luz, es capaz de calcular las medidas y distancias de los elementos.

 **VÍDEO**

Puedes ver un ejemplo del uso de un AGV en el transporte de tubos de gran tamaño accediendo desde aquí:

https://redirectoronline.com/coml020508

 **TAREA 6**

Sara dirige una plataforma logística en un polígono industrial que, al cabo del día, realiza una cantidad importante de movimiento de palés y materiales de grandes dimensiones. Hace poco han tenido un accidente laboral, motivo por el cual Sara está planteándose implementar en su empresa los vehículos autoguiados.

¿Puedes ayudarle identificando algunas ventajas que este tipo de vehículos puede implantar en su empresa?

# 8. Taller RFID

##  HILO CONDUCTOR

En las jornadas empresariales a las que acudió María se presentaron diferentes tecnologías que ayudaban a las empresas a ser más productivas y que mejoraban su competitividad. Una de ellas fue el uso de etiquetas inteligentes que agilizan la organización del almacén y las cantidades de los materiales disponibles.

María quiere profundizar más en el uso de esta tecnología para implantarla próximamente en su almacén, ya que ha detectado que se pierde mucho tiempo mientras se buscan las referencias o se desplazan los operarios al almacén a buscar un repuesto para llevar a cabo el trabajo que están desarrollando.

---

El comercio electrónico ha crecido de forma exponencial en los últimos años, lo que ha provocado la necesidad de optimizar los procesos logísticos que permitan en todo momento controlar el *stock* de los productos.

Mediante la implementación de la **tecnología de identificación por radiofrecuencia (RFID)** las empresas pueden gestionar la trazabilidad de los productos y la paquetería desde que se los asigna el cliente hasta que se entrega al cliente final, pudiendo este último conocer en todo momento la ubicación de los productos adquiridos.

El funcionamiento de esta tecnología es muy sencillo. El lector manda una señal por radiofrecuencia que provoca que la etiqueta le devuelva la información almacenada, por lo que no es necesario una visión directa entre el lector y el código de barras, y simplemente con que se encuentren dentro del radio de acción del lector, la etiqueta enviará la información.

Implementar un sistema RFID en los procesos operativos de un almacén, además de aportar **ventajas** operativas, también presenta algunos **inconvenientes:**

| Ventajas ✓ | Inconvenientes ✗ |
|---|---|
| - **Identifica la mercancía** más rápidamente eliminando la necesidad de que el lector visualice la etiqueta directamente.<br>- **El flujo de trabajo** es más eficiente, ya que no se producen paradas para leer la etiqueta.<br>- **Mejora la trazabilidad** del producto aumentando la presión y la sencillez de utilización.<br>- **Reduce la intervención humana** en el proceso de lectura y evita los movimientos de personal en el almacén logístico. | - **Errores cuando hay diferentes** etiquetas en las proximidades del lector.<br>- **Aumento del coste** en comparación con los códigos de barras.<br>- **Dificultad de lectura** dependiendo de la ubicación de la etiqueta.<br>- **Necesidad de planificación** a la hora de implantar un sistema RFID en un almacén logístico. |

Si integramos el sistema RFID con un SGA (Sistema de Gestión de Almacenes), reduciremos algunos de los errores logísticos que se provocan con la gestión manual del almacén. Así, se controla de manera más exhaustiva la mercancía, el *stock* se ajusta a las necesidades o, incluso, permite asegurar la trazabilidad de los productos.

 **SABÍAS QUE...**

El grupo Inditex lleva tiempo usando la tecnología RFID en sus productos, lo que les permite conocer en todo momento la ubicación de las prendas y productos en sus tiendas. Puedes acceder a la noticia completa, desde aquí:

https://redirectoronline.com/coml020509

**Funcionamiento de un sistema RFID**
**Fuente: aula21**

Base de datos

Ordenador conectado al lector RFID

Etiqueta RFID
Almacena la información en la memoria interna

Antena RFID
Recibe la información almacenada de la etiqueta RFID y la envía al lector RFID

Lector RFID
Activa la antena y recibe la información enviada desde la etiqueta RFID y transmite información hacia el ordenador

## 8.1. Sectores y equipamiento

Entre los **sectores** que más utilizan la tecnología RFID destacan:

- **Control de *stock*.** Todos los productos pasan por un lector de radiofrecuencia que lee los datos de los paquetes y los palés de forma ágil y rápida registrando los datos de forma inmediata. Este control exhaustivo reduce los errores y evita la ruptura de *stocks*.
- **Seguridad logística.** Las etiquetas ofrecen información para conocer los productos más sensibles incorporando en dichas etiquetas las condiciones de conservación. También se pueden utilizar pulseras de radiofrecuencia que permitan el acceso a ciertas partes de la empresa exclusivamente a un grupo de personas determinadas.
- **Logística farmacéutica.** Los datos que disponen de etiquetas RFID aportan información acerca de los medicamentos y productos que se deben consumir en primer lugar o aquellos que se encuentran caducados y que deben retirarse del mercado para garantizar la seguridad de los consumidores, provocando una trazabilidad con una seguridad casi total.

⊃ **Logística hospitalaria.** La identificación de los pacientes ingresados reduce las posibilidades de confusión a la hora de suministrarle la medicación más adecuada a su tratamiento, pudiendo contener en la etiqueta el historial completo del paciente.

⊃ **Logística de paquetería.** Para asegurar la trazabilidad de los procesos logísticos el uso de la tecnología RFID permite conocer todas las etapas por las que pasa un producto, desde que entra en el almacén hasta que se le entrega al destinatario.

Para implantar una solución que incorpore la tecnología RFID se necesitan los siguientes **equipos:**

## 9. Metodologías multicriterio y sistemas de decisión para la selección de tecnologías en la Logística 4. 0

👉 **HILO CONDUCTOR**

María se ha dado cuenta que debe incorporar las nuevas tecnologías a su negocio, pero no quiere que cuando lo haga, estas se queden obsoletas, por lo que quiere analizar las nuevas tecnologías existentes y que ya se han implementado en otros sectores.

Actualmente, nadie discute que la tecnología juega un papel importante en el campo logístico, lo que permite a las empresas aumentar su competitividad y mejorar sus procesos. Todas estas mejoras son posibles gracias a la incorporación de distintas tecnologías en el sector, lo que ha provocado, además de la mejora en los procesos empresariales, también la actualización del sector dando lugar a la denominada Logística 4.0.

Entre las tecnologías que se han incorporado destacan:

- *Blockchain.* Permite mejorar la transparencia y la trazabilidad de la cadena logística gracias a la capacidad de almacenar la información de los procesos de forma segura e inalterable.
  Su uso permite garantizar la autenticidad de los datos evitando posibles fraudes y reduciendo los tiempos en el caso de que tengan que pasar controles aduaneros.
- **Realidad aumentada y virtual.** Estas tecnologías están revolucionando el diseño de los almacenes logísticos y los procesos que se implantarán, permitiendo analizar y seleccionar el más adecuado a la estructura del edificio y a las necesidades del proveedor logístico.
- **Redes de comunicación avanzadas.** La llegada del 5G permite un aumento de la cantidad de datos que se pueden transmitir, es decir, la información entre los dispositivos y sistemas logísticos, lo que facilita la coordinación y el seguimiento de las operaciones logísticas a nivel global.

La robótica es un campo que está integrándose mayoritariamente en el sector logístico, puesto que puede tener presencia en todos los aspectos y etapas logísticas de la cadena de suministro, sobre todo en gran medida por reducir los costes y los errores en la manipulación de los paquetes.

Dentro de la optimización de los procesos logísticos que lleva a cabo la robótica podemos encontrar los siguientes elementos:

- **Sistemas de almacenamiento automatizado.** Los sistemas de almacenamiento automatizado utilizan sistemas autónomos de transporte y manipulación de mercancías, lo que mejora la organización, el inventario y el espacio de almacenamiento reduciendo los costes operativos y los tiempos de entrega.
- **Robots móviles autónomos (AMR).** Los robots móviles autónomos tienen la capacidad de desplazarse siguiendo rutas establecidas adaptándose a las necesidades de cada momento. Estos elementos pueden transportar productos o materiales pesados de forma repetitiva evitando accidentes entre las personas trabajadoras.
- **Sistemas de clasificación y embalaje automatizados.** La automatización y la clasificación de la paquetería permite agilizar procesos y eliminar errores humanos. Estos sistemas están actualmente en auge.
- **Control y seguimiento automatizado.** La implementación de tecnologías de control y seguimiento facilita la gestión del inventario y la optimización de las rutas de transporte.
- **Integración de inteligencia artificial (IA).** La integración de la inteligencia artificial y el *Machine Learning* van a permitir a los sistemas aprender del funcionamiento de los procesos, de forma que mejoren continuamente su rendimiento conforme se adquieren y analizan los datos.

La logística también ha comprobado cómo la incorporación de la inteligencia artificial (IA) es una herramienta de ayuda que, junto con el *Machine Learning* (ML), brindan nuevas oportunidades para transformar y optimizar los procesos que llevan a cabo.

No podemos olvidarnos de que vivimos en un mundo hiperconectado, por lo que también las empresas implementan el denominado **internet de las cosas (IoT),** que ha cambiado la forma de trabajo dando la posibilidad a los clientes de conocer las diferentes operaciones que se llevan a cabo dentro de la cadena de suministro.

**NOTA**

La integración de las distintas tecnologías al sector logístico ha provocado que se generen una gran cantidad de datos que, si son correctamente analizados, pueden facilitar también la optimización de los procesos.

El futuro del sector logístico, como el resto de los sectores, pasa por incorporar distintas tecnologías que van a provocar cambios en su manera de operar y gestionar la cadena de suministros, pero que traerá desafíos, como pueden ser la sostenibilidad de los procesos, la reducción de costes o la satisfacción del cliente, que provocará mejoras en la eficiencia de los procesos, lo que les permitirá destacar por encima de sus competidores.

*El futuro de la logística pasa por la incorporación de drones.*

**PARA SABER MÁS**

Puedes acceder a diversa información acerca de la revolución tecnológica en la cadena de suministro, accediendo desde aquí:

Logística 4.0: La revolución tecnológica en la cadena de suministros

https://redirectoronline.com/coml020510

Logística Profesional

https://redirectoronline.com/coml020511

Soluciones de innovación tecnológica para la industria 4.0

https://redirectoronline.com/coml020512

## 10. Resumen

Para considerar que se está utilizando no basta con usar una gran cantidad de datos, sino que estos deben cumplir con las denominadas tres v: volumen, velocidad y variedad.

La gestión de una gran cantidad de datos debe asegurar que su uso se realiza de manera responsable, por lo que las empresas deben suscribir códigos éticos y contratos de protección de estos, si no se quiere caer en posibles sanciones como sucedió con *Cambridge Analytics*.

Las tecnologías industriales han pasado desde la Primera Revolución a finales del año 1800 hasta la actualidad, en la que podemos hablar de una quinta revolución en la que se integran las personas con las máquinas.

La integración de la Industria 5.0 en los procesos productivos tiene, entre otras, las siguientes ventajas:

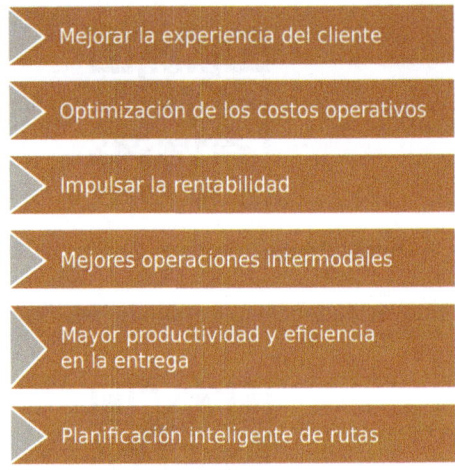

- Mejorar la experiencia del cliente
- Optimización de los costos operativos
- Impulsar la rentabilidad
- Mejores operaciones intermodales
- Mayor productividad y eficiencia en la entrega
- Planificación inteligente de rutas

Mediante la simulación de los procesos logísticos se pueden analizar los cambios en los procesos productivos que va a introducir la nueva tecnología sin necesidad de implantarla, además de evaluar si esta es la más adecuada a los objetivos propuestos.

Mediante el uso de equipos basados en la radiofrecuencia, las empresas, sobre todo las dedicadas a la logística, ganan en tiempo, ya que pueden identificar el estado del paquete sin necesidad de parar la cadena logística, permitiendo conocer en todo momento el estado y ubicación del paquete.

No hay que perder de vista que la tecnología sigue avanzando, por lo que se siguen incorporando otras tecnologías al sector logístico como son:

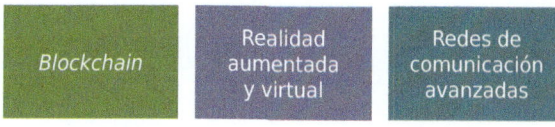

# Ejercicios de autoevaluación
# Unidad de Aprendizaje 5

1. ¿Qué elemento no forma parte de la gestión de datos usando el *big data?*

   a. Escalabilidad
   b. Variedad
   c. Velocidad
   d. Volumen

2. ¿Cuál de las siguientes características se corresponden con la Revolución Industrial 5.0?

   a. Manufacturación personalizada
   b. Rapidez y calidad
   c. Respeto medioambiental
   d. Todas las opciones son correctas.

3. Un beneficio de la planificación logística es...

   a. ... aumentar los costos operativos.
   b. ... independizar las operaciones logísticas.
   c. ... mejorar la experiencia del cliente.
   d. ... reducir la productividad.

4. Los elementos que convierten las variables del proceso en variables eléctricas o neumáticas son...

   a. ... las herramientas de automatización industrial.
   b. ... los autómatas programables (PLC).
   c. ... los programas informáticos.
   d. ... los sensores.

5. Entre las ventajas de la automatización industrial encontramos:

   a. Aumento de la productividad laboral
   b. Mejora de la calidad del producto
   c. Mejora de la seguridad
   d. Todas las opciones son correctas.

6. Determina si la siguiente oración es verdadera o falsa: "En la simulación logística se representan las fases de la cadena de suministro".

   ■ Falso
   ■ Verdadero

7. Determina si la siguiente oración es verdadera o falsa: "Un proyecto de simulación de procesos se establece en 3 etapas; análisis, desarrollo y valoración".

   ■ Falso
   ■ Verdadero

8. ¿Qué ventaja tiene la incorporación de un sistema AGV?

   a. Aumenta la seguridad laboral
   b. Disminución de espacios
   c. Lentitud, deben trabajar a bajas velocidades
   d. Rigidez, no puede usarse con otros sistemas

9. El elemento usado en un sistema de radiofrecuencia que tiene un comportamiento pasivo es...

   a. ... el emisor.
   b. ... el paquete.
   c. ... la etiqueta.
   d. ... las antenas.

10. ¿Cuál de las siguientes tecnologías permite mejorar la trazabilidad y la transparencia en la cadena de suministros?

   a. *Blockchain*
   b. *Machine* artificial
   c. Realidad aumentada
   d. Robótica colaborativa

# Glosario

**AMR** - *Autonomous Mobile Robots*
Robots móviles autónomos diseñados para automatizar el transporte de materiales entre dos puntos.

*Big data*
Gran cantidad de datos que se modifican muy rápidamente y que son difíciles de procesar con los métodos tradicionales.

*Blockchain*
Base de datos que recoge y almacena una gran cantidad de datos de forma compartida y descentralizada, de manera que crea un registro único que provoca que sea imposible manipular los datos.

**BMP** - *Business Process Management*
Metodología que analiza, gestiona, diseña y monitoriza los procesos empresariales.

*Business intelligence*
Conjunto de herramientas y estrategias encargadas de transformar la información obtenida para mejorar la toma de decisiones empresarial.

**Cadena de suministro**
Conjunto de elementos con los que se puede crear la estructura que permite incorporar un producto al mercado que satisfaga las necesidades de los clientes.

*Cobot*
Robot desarrollado para trabajar con los humanos y garantizar la seguridad de estos.

**CRM** - *Customer Relationship Program*
*Software* que permite a las empresas guardar las interacciones con sus clientes.

### Data Quality
Herramienta que se utiliza dentro del *big data* y está enfocada en asegurar la confiabilidad de los datos y la veracidad de los resultados.

### DCS - Sistema de control distribuido
Sistema de control automatizado encargado de monitorizar el proceso a lo largo de la superficie de un centro logístico o almacén.

### DDL - *Data Definition Language*
Lenguaje informático utilizado para crear la estructura de una base de datos y, posteriormente, almacenar los datos en la misma.

### Diagrama de flujo
Representación gráfica de un proceso.

### DML - *Data Manipulation Language*
Lenguaje que permite consultar o manipular los datos almacenados en una base de datos.

### EDI
Formato estándar para el intercambio de forma electrónica de información entre empresas.

### ERP - *Enterprise Resources Planning*
Sistema de planificación de los recursos empresariales y automatización de procesos.

### ETL - *Extract, Transform and Load*
Proceso que permite extraer, transformar y cargar datos empresariales entre diferentes plataformas y procesos.

### Inteligencia artificial
Combinación de algoritmos de forma que se consiga que las máquinas tengan las mismas capacidades que las personas.

### Internet de las cosas (IoT)
Tecnología que permite conectar y manipular los elementos a internet.

### KPI - *Key Performance Indicator*
Métrica utilizada para analizar la consecución de los objetivos empresariales.

### Lead time
Tiempo que transcurre desde que se genera la orden de pedido al proveedor hasta que se entrega al cliente.

### Logística
Actividad encargada de planificar, gestionar y controlar el almacenamiento y el envío de elementos en la cadena de suministro.

### Logística inversa
Proceso inverso a la logística, que consiste en la devolución de los productos desde el cliente hasta el fabricante.

### *Machine learning*
Rama de la inteligencia artificial centrada en el aprendizaje de las máquinas sin que sean programadas.

### *Material resources planning*
Sistema que permite conocer los materiales necesarios para que la producción de un producto se lleve a cabo.

### Microgestión
Sistema de gestión centrado en un control total de las actividades que desempeñan los trabajadores de una empresa.

### *Middleware*
*Software* que tiene la capacidad de funcionar y almacenar los datos en la nube.

### *Picking*
Actividad de preparación de pedidos que serán enviados posteriormente a los clientes.

### PLC – *Programmable Logic Controller*
Controlador lógico programable que se encarga de que los distintos elementos de una máquina funcionen correctamente.

### RFID
Tecnología que permite identificar objetos mediante el uso de ondas de radio usando la radiofrecuencia.

### SCADA – *Supervisory Control and Data Acquisition*
Herramienta usada en los procesos productivos encargada de supervisar, controlar y adquirir los datos de un sistema.

### *Small data*
Conjunto pequeño de datos con capacidad de ser entendidos por las personas.

### *Software*
Reglas o programas que se encargan de dar instrucciones a un ordenador para que lleve a cabo unas tareas concretas.

### SQL – *Structured Query Language*
Lenguaje para gestionar las bases de datos relaciónales.

### *Stock*
Conjunto de productos que se encuentran en el almacén y están a la espera de su venta o comercialización.

### TMS – *Transport Management System*
*Software* de gestión del transporte que automatiza los procesos logísticos de una empresa.

### Vehículo AGV
Vehículo autónomo que se desplaza de forma automática sin supervisión de una persona.

### WMS – *Warehouse Management System*
Programa informático enfocado en facilitar las gestiones específicas de un almacén.

# Bibliografía

## Monografías

→ FERNÁNDEZ, M.: *Industria 4.0. Tecnologías y gestión en la transformación digital de la industria.* Editorial Independently published, 2020.

> El libro recopila en tres partes las distintas tecnologías que intervienen en la industria 4.0 de forma que, al finalizar su lectura, se puede tener una visión completa de la evolución de la transformación digital de la industria.

→ GARRELL, A. y GUILERA, LL.: *La industria 4.0 en la sociedad digital.* Sabadell: Editorial Marge Books, 2019.

> Este libro ayuda en la adquisición de una visión global de la industria 4.0 mostrando su integración con distintas herramientas digitales como el *big data,* computación en la nube, inteligencia artificial, etc.

→ JOYANES Aguilar, L.: *Industria 4.0 La cuarta revolución industrial.* Barcelona: Editorial Marcombo, 2017.

> Este libro describe la digitalización de los procesos industriales y su interconexión con el Internet de las Cosas (IoT) para mejorar los procesos productivos. Se centra en la integración de las nuevas tecnologías con el Internet de las Cosas, *big data,* el *cloud computing* y la ciberseguridad.

→ MARTÍNEZ Aguiló, J.: *Industria 4.0 La transformación digital en la industria.* Barcelona: Editorial EDIUOC, 2019.

> A través de distintos ejemplos explica el proceso que lleva a cabo la transformación digital en la industria. Ofrece una visión actualizada sobre la integración del trabajo entre personas y máquinas.

→ SCHWAB, K.: *La cuarta revolución industrial.* Barcelona: Editorial Debate, 2016.

> El fundador del Foro Económico Mundial describe las características de la revolución tecnológica, así como las oportunidades y retos que plantea esta revolución industrial.

## Textos electrónicos, bases de datos y programas informáticos

→ Infolibros. Disponible en:
https://infolibros.org/libros-pdf-gratis/informatica/big-data/

> Página web en la que se puede acceder a una biblioteca especializada en *big data.*

→ Marco para la orientación hacia la digitalización y la industria 4.0 desde la perspectiva de la gestión avanzada. Disponible en:
https://www.euskalit.net/buscador/uploads/Marco%20Industria%204.0.pdf

> Se establece el marco basado en el modelo de gestión avanzada en el que se recogen los 6 elementos de acción y resultados que pueda servir de inspiración a las empresas para la implantación de la denominada industria 4.0.

→ Trabajo fin de máster de María Antonia Díaz Leal sobre el Estudio de las tecnologías de la industria 4.0 en la logística interna. Disponible en:
https://uvadoc.uva.es/bitstream/handle/10324/55721/TFM-I-2384.pdf

> Se analizan las capacidades de la logística interna que integran dentro de los procesos de la industria 4.0. Además, se realiza un caso práctico del diagnóstico de una empresa de alimentación de Zamora.